IM KÄFIG

THEATERSTÜCK

Peter Heinl

IM KÄFIG

THEATERSTÜCK

THINKAEON

Copyright © Peter Heinl, 2017

Thinkaeon®

Thinkclinic® Publications

Thinkclinic® Limited

32 Muschamp Road

GB London SE15 4EF

ISBN 978-0-9935802-8-4

Der Autor/Verlag dankt für das Respektieren des folgenden Hinweises: Alle Rechte vorbehalten. Der Nachdruck ist, auch auszugsweise, nicht gestattet. Kein Teil dieses Werkes darf ohne schriftliche Einwilligung des Autors/Verlags in irgendeiner Form (Fotokopie, Mikrofilm, Digital, Audio, TV oder irgendeinem anderen Verfahren) – auch nicht für Zwecke der Unterrichtsgestaltung – reproduziert oder unter Verwendung elektronischer Systeme verarbeitet, vervielfältigt oder verbreitet werden.

www.thinkclinic.com

drpheinl@btinternet.com

Twitter: @DrPeterHeinl und @Thinkclinic

Facebook: peter.thinkclinic und thinkclinic

LinkedIn: Peter Heinl

Xing: Peter Heinl

Gestaltung und Umsetzung: uwe kohlhammer

Umschlagabbildung: Peter Mittmann

Lotte Püschel,

Ärztin

wunderbare Patentante

sprachbegabt und mit Zuneigung zur Musik

in Dankbarkeit

gewidmet

INHALT

TEIL I 9

AKT 1 11

AKT 2 21

AKT 3 35

AKT 4 53

AKT 5 65

TEIL II 79

AKT 6 81

AKT 7 101

AKT 8 117

AKT 9 135

DANK 141

BÜCHER
VON HILDEGUND HEINL UND PETER HEINL 143

TEIL I

AKT I

Ein kleines Schlafzimmer.
Auf dem Tisch steht ein Käfig mit einem Kakadu.
Ein Fenster sieht auf einen Hinterhof.
Im Bett schläft ein Ehepaar, Caspar und Hermine.
Es ist morgens.
Der Wecker klingelt.
Caspar schreckt auf.

CASPAR Verdammt noch mal, schon wieder Morgen.

Hermine schläft noch.
Caspar versucht sie aufzuwecken.
Hermine reagiert nicht.
Caspar rüttelt immer heftiger, bis Hermine erschreckt aufwacht.

HERMINE Jesus Maria, was ist denn los?

CASPAR   Hast du nicht gemerkt, dass es schon Morgen ist? Die ganze Zeit versuche ich wie ein Verrückter, dich aufzuwecken.

HERMINE   Entschuldige, ich habe es wirklich nicht gemerkt.

CASPAR   Bist du taub?

HERMINE   Ich hoffe nicht. Sag etwas zu mir. Dann merke ich, ob ich taub bin.

Caspar spricht hörbar laut.

CASPAR   Es ist Morgen.

HERMINE   Wenn es morgen ist und nicht heute, dann kann ich noch ein bisschen weiterschlafen.

CASPAR   Nein, nein, Hermine, es ist Morgen.

HERMINE   Beunruhige dich nicht, ich schlafe einfach bis morgen durch.

CASPAR   Herr Jesus. Verdammt noch mal. Ich sagte, es ist Morgen und du sollst endlich aufstehen.

Hermine reagiert nicht.

CASPAR   Bist du taub?

Hermine schläft schon wieder und schnarcht.

CASPAR *(zu sich)* Man ist von Gott und der Welt verlassen. Was ist nur in die Frau gefahren? Jetzt sage ich ihr zum x-ten Mal, dass es Morgen ist und sie reagiert nicht.
Verdammt, was ist heute nur los? Der Wecker klingelt. Ich stehe auf wie immer. Zuerst greife ich nach dem Wecker. Dann stelle ich ihn ab, weil mir dieses Geräusch tatsächlich auf den Wecker geht. Ja, ich meine, der Wecker geht mir auf den Wecker. Alles geht mir auf den Wecker.
Wenn ich aus dem Fenster sehe, geht mir auch das Wetter auf den Wecker. Und dann werde ich aufgeweckt und versuche, wie immer, die Hermine zu wecken. Dann sage ich immer Morgen und Morgen und sie

reagiert nicht und tut so, als bräuchte sie nicht aufzustehen, und dreht sich um und schläft einfach weiter.

Dabei habe ich nichts Böses gemacht. Ich habe nur versucht, sie zu wecken. Ich verstehe die Welt nicht mehr. Vielleicht schläft die Welt auch noch.

Caspar blickt auf das Kruzifix an der Wand.

Der hat's gut. Der hat das Gewissen der Welt vor vielen, vielen Jahre aufgeweckt und jetzt darf er dafür schon lange schlafen. So gut möchte ich es auch einmal haben. Ich freue mich auf meine Rente. Dann werde ich meinen Ruhestand genießen. Ich werde einfach schlafen. Den Wecker werde ich aus dem Fenster werfen und zwar genau dann, wenn ich die Rente bekomme. Dann gibt es bei mir keine Weckzeiten mehr. Die werden abgeschafft. Nur, dass es jeder weiß.

Die Weckzeiten werde ich abschaffen. Da könnt ihr euch alle darauf verlassen! Auf meinen Grabstein lass ich meißeln, und zwar richtig mit Hammer und Meißel:

„Bestens ausgeruht ging er der letzten Ruhe entgegen."
Wehe, wenn mir einer in der Hölle mit dem Wecker kommt. Dann werde ich aber böse. Selbst wenn ich in der Hölle nachsitzen muss.

Caspar dreht sich um.
Er sieht, dass Hermine noch immer schläft.

Es ist sinnlos. Sie schläft immer noch. Dabei habe ich sie schon dreimal geweckt. Wer hätte das für möglich gehalten? Wir sind bald dreißig Jahre verheiratet und jedesmal ist sie mit mir aufgestanden und schläft jetzt trotzdem weiter. Eigentlich ist das ziemlich ungehörig. Was soll ich machen? Ich habe sie gefragt, ob sie taub ist, und selbst da hat sie nicht geantwortet. Ich bin sicher, dass, wenn sie der Herr Doktor gefragt hätte, sie ganz artig gesagt hätte: ‚Ja.' Oder ‚nein.' Aber gegenüber dem Ehemann, da nimmt man sich eben immer eine ganze Menge heraus.
Egal, ich freue mich auf die Rente. Dann werde ich auch nur noch schlafen.

Caspar streckt und reckt sich.

Eigentlich sollte ich jetzt meine Morgengymnastik machen. Wegen meines Rückens. Das hat mir der Doktor dringend empfohlen. Aber jetzt *(schaut auf die Uhr)* ist es zu spät. Ich muss die Gymnastik dann eben morgen nachholen. Auch wenn es nicht gut ist, weil man die Gymnastik regelmäßig durchführen sollte.
Ich brauch's dem Herrn Doktor ja nicht zu erzählen. Wenn er mich das nächste Mal fragt, ob ich meine Gymnastik mache, sage ich ‚Ja, Herr Doktor.' Und habe noch nicht mal gelogen. Denn er hat mich ja nicht gefragt, ob ich die Gymnastik mit meinem Körper mache oder in meinem Geist. Mentale Gymnastik heißt das. Das habe ich neulich in der Zeitung gelesen. Das sind sozusagen Turnübungen im Kopf. Du meine Güte, da wird man aber elastisch. Jetzt ist es Zeit, die Nachrichten zu hören.

Caspar greift zum Radio und schaltet es an.
Die Stimme aus dem Radio sagt „Guten Morgen."
Caspar wirkt sichtlich irritiert.

CASPAR Das weiß ich doch. Verdammt noch mal. Was ist denn mit dem Radio los? Ich weiß, dass es Morgen ist. Ich wollte nur die Nachrichten hören.

Caspar schaltet das Radio wieder ab. Klopft darauf.

CASPAR Vielleicht hat das Radio einen Wackelkontakt?

Caspar schaltet das Radio wieder ein.

DIE STIMME DES NACHRICHTENSPRECHERS
Die Wettervorhersage für morgen.

Caspar ist noch mehr irritiert.

CASPAR Verdammt! Ich will die Wettervorhersage für heute wissen. Was nützt mir das Wetter für morgen? Es stimmt sowieso nie.

Caspar gestikuliert wild.

CASPAR Halten die mich für blöd? Wofür habe ich die Rundfunkgebühren bezahlt? Nur damit ich mich schon am Morgen aufs Korn nehmen lassen muss? Habe ich das verdient? So lang und hart habe ich gearbeitet und sie fangen jetzt schon an, mich nicht mehr für voll zu nehmen. Die Frau liegt im Bett und steht nicht mit mir auf. Der Nachrichtenmensch meint, er könnte mich schulmeistern, wo ich ganz genau selbst weiß, dass jetzt Morgen ist. Und das Wetter ist auch nicht gerade berauschend.

Caspar setzt sich im Bett auf.

CASPAR	Was ist heute nur los? Ich glaube, ich begreife die Welt nicht mehr. Wie spät ist es?

Caspar schaut auf den Wecker, der immer noch acht Uhr anzeigt.

CASPAR	Ich wusste, dass irgendetwas nicht stimmt. Ich hab's geahnt. Das kann gar nicht sein, dass es immer noch acht Uhr ist. Das gibt es doch gar nicht. Ich werde verrückt. Das ist nicht zu fassen. Jetzt ist der Wecker auch noch stehengeblieben. Das ist unglaublich, einfach stehenzubleiben. So alt ist der

Wecker gar nicht. Er war ganz neu, als ich ihn vor sechs Monaten gekauft habe. Warum bleibt der jetzt stehen? Das gibt es doch nicht!

Caspar rückt näher an den Wecker heran und schimpft ihn an.

CASPAR Warum bist du stehengeblieben, du elender Wecker? Warum hast du mich ausgerechnet jetzt im Stich gelassen? Jeder lässt mich heute im Stich. Meine Frau schläft immer noch. Und du, du bleibst einfach stehen. Ich finde das unglaublich. Unglaublich! Ich kann es gar nicht fassen. Schon wieder so etwas Ungehorsames. Wenn du lebendig wärst, würde ich dich, du Wecker – ja du, ich spreche zu dir –, aus dem Fenster werfen, in hohem Bogen. Das würde dir keinen Spaß machen. Es ist unglaublich. Was soll ich nur machen? Mich trifft noch der Schlag und was mache ich dann mit meiner Rente?

Caspar setzt sich aufs Bett, den Kopf in die Arme gestützt. Er wirkt wie verzweifelt und schüttelt immer nur den Kopf.

AKT 2

Caspar sitzt immer noch auf dem Bett, wie verzweifelt den Kopf schüttelnd.
Hermine wälzt sich im Bett.
Sie dreht sich hin und her, reckt die Arme in die Höhe und wacht auf, sichtlich desorientiert.

HERMINE Du meine Güte, wo bin ich denn?

CASPAR Stell dich doch nicht so an, Hermine. Du bist hier.

HERMINE Wo hier?

CASPAR Verdammt noch mal, einfach hier.

HERMINE Ich verstehe nicht, wo hier ist.
Ich dachte, hier ist vielleicht dort?

CASPAR Da gibt es nichts zu denken. Ich sage dir, dass hier hier ist. Was gibt es da zu fragen und zu deuten? Wir sind fast dreißig Jahre verheiratet und du glaubst mir immer noch nicht, wenn ich sage, dass hier hier ist. Ich finde es unglaublich. Verstehst du das nicht? Bist du etwa tatsächlich taub?

HERMINE   Was hast du gesagt?

CASPAR   Bist du taub?

HERMINE   Ob ich taub bin? Nein, du hast doch immer gesagt, ich sei dein Täubchen.

CASPAR   So meine ich das nicht. Versteht mich heute morgen überhaupt niemand?

HERMINE   Was ist los, Caspar? Bist du schon wach? Ich habe gedacht, du schläfst noch?

CASPAR   Du hast gedacht, ich schlafe noch! Die ganze Zeit bin ich schon auf. Schon als der Wecker geklingelt hat, bin ich aufgestanden. Das heißt, zuerst war ich natürlich wach. Dann habe ich wie ein Verrückter versucht, dich zu wecken. Und du hast immer nur von morgen, morgen geredet.

Dann hast du dich einfach umgedreht und weitergeschlafen. Morgen, morgen hast du immer nur gemurmelt und dann hast du dich umgedreht. Niemand hört, was ich sage. Dann gehe ich ans Fenster und da ist dieses furchtbar langweilige Wetter. Nichts wird einem am Morgen schön gemacht. Und dann schalte ich das Radio an und da versucht dieser eingebildete Lümmel von Radionachrichtensprecher, mich zu belehren. Aber ich hab's ihm gegeben. Ich habe ihn gleich abgeschaltet. Das Radio werde ich jetzt auch abbestellen. Ich meine, ich werde einfach keine Gebühren mehr bezahlen. Die sollen sehen, wo sie ohne mich hinkommen, wenn sie das, was sie da in die Luft an Nachrichten abstrahlen, einfach nicht mehr loswerden können. Dann bleiben sie nämlich darauf sitzen und man nimmt es ihnen nicht mehr ab. Dann müssen sie sich schon etwas einfallen lassen, dass sie höflicher werden am Morgen. Denn am Morgen ist man doch am Empfindlichsten.

HERMINE   Ach, Caspar, sei doch nicht so empfindlich.

CASPAR   Ich bin nicht empfindlich. Es ist einfach unerhört, dass einem so etwas schon am Morgen zugemutet wird. Einfach unglaublich. Vielleicht sollte ich dort einmal anrufen und mich beschweren. Das ist das Einzige, was heute noch nützt – sich zu beschweren. Aber erst muss ich aufs Klo.

Caspar verschwindet ins Badezimmer.
Man hört das Rauschen der Wasserspülung.
Hermine dreht und wendet sich weiterhin im Bett.
Dann ruft sie laut durch den Raum.

HERMINE   Caspar, wie spät ist es eigentlich?

CASPAR   Du meine Güte, das habe ich ganz vergessen. Das war unverschämt. Vorhin ist der Wecker stehengeblieben. Ja, es war vorhin. Ich habe gedacht, es sei acht Uhr und dann wurde mir auf einmal klar, dass es gar nicht acht Uhr sein konnte. Ich weiß nicht, wie ich plötzlich drauf gekommen bin. Aber ich hatte schon den ganzen Morgen ein mulmiges Gefühl. Kein Wunder, wenn ein Morgen so anfängt. Wo sollen wir da hinkommen? Es gibt keine Moral und keine Pflicht mehr. Überall bricht alles zusammen. Du siehst ja, wie es mit der Arbeit bergab geht. Kaum ein halbes Jahr ist es her, seitdem wir den Wecker gekauft haben. Du weißt doch noch, wie wir an dem langen Samstag in die Stadt gegangen sind, und du hattest plötzlich die Idee, wir sollten uns einen neuen Wecker kaufen, damit das Aufwecken am Morgen schöner ist. Und was haben wir jetzt davon? Es ist wirklich bescheuert. Jetzt funktioniert das Ding schon nicht mehr. So neu und schon funktioniert es nicht mehr. Es ist wahrscheinlich aus Taiwan. Vielleicht hätten wir uns doch etwas Deutsches kaufen sollen. Aber der Rainer hat neulich auch gesagt, man muss jetzt auch mit deutschen Weckern aufpassen. Irgendwie gibt es da jetzt auch Probleme. Aber ich hoffe, dass man bei der Uhrenindustrie nicht die Zeit verschläft, sonst nützen die guten deutschen Wecker auch nichts mehr. Vielleicht hätten wir uns doch eine Kuckucksuhr kaufen sollen? Da kommt wenigstens etwas dabei heraus.

HERMINE Was sagst du, Caspar?

CASPAR	Dass da etwas herauskommt.

HERMINE	Ich dachte, so eine Kuckucksuhr kostet viel Geld und da muss man eine Menge hineinstecken?

CASPAR	Nein, ich meine wirklich, dass etwas dabei herauskommt.

HERMINE	Aber was denn, Caspar? Was soll denn bei einer Uhr herauskommen? Das Zahnrad? Die Unruh?

CASPAR	Ach, Quatsch, ich sag's schon die ganze Zeit. Niemand versteht mich. Ich habe es klar gesagt, dass dabei etwas herauskommt. Und niemand versteht mich. Es ist einfach sinnlos.

HERMINE	Ich verstehe wirklich nicht, wovon du sprichst.

CASPAR	Das ist es genau, was ich sage. Niemand versteht mich. Deswegen habe ich vorhin auch gedacht, wenn ich einmal in Rente bin, dann wird alles anders. Dann gibt es keine

Wecker mehr und dann werde ich nur noch schlafen. Wenn die anderen älter werden, schone ich mich durch den Schlaf, und vor allem muss ich dann nicht mehr erleben, dass mich niemand versteht.

HERMINE Caspar, jetzt verstehe ich dich überhaupt nicht mehr. Möchtest du nicht lieber ein bisschen weiterschlafen? Vielleicht bist du noch zu müde?

CASPAR Nein. Ich sage die ganze Zeit, es hat keinen Sinn. Auch wenn ich schlafe, verstehst du das nicht.

HERMINE Darüber habe ich noch nie nachgedacht.

CASPAR Das ist ja genau, was ich sage.

HERMINE Caspar, ich habe dich vorhin etwas gefragt. Ich glaube, du hast es vergessen.

CASPAR Ich vergesse nie etwas.

HERMINE Es kann sein, dass du nie etwas vergisst.

CASPAR   Es ist so.

HERMINE   Nun gut. Ausnahme bestätigt die Regel.

CASPAR   Nein, ich vergesse nie etwas.

HERMINE   Ich habe nur wissen wollen, wie spät es ist.

CASPAR   Da kannst du doch den Wecker fragen.

Caspar gibt Hermine den Wecker in die Hand.
Hermine sieht sich den Wecker an.

HERMINE   Nun reden wir schon ein Weilchen. Das heißt, ich höre zu. Es kann doch nicht sein, dass es immer noch acht Uhr ist. Außerdem ist es zu hell dafür.

Hermine schaut Caspar skeptisch an.
Dann sieht sie sich den Wecker genauer an, prüft ihn, schüttelt ihn und stellt schließlich fest, dass er steht.

HERMINE   Caspar, das ist unglaublich, das gibt es gar nicht. Der Wecker steht. Du meine Güte! Was machen wir denn jetzt? Und wenn es schon zehn nach acht ist oder viertel nach acht oder sogar halb neun oder noch viel später? Das ist die reine Katastrophe. Caspar, warum hast du mir denn nicht gesagt, dass der Wecker stehengeblieben ist?

CASPAR Du hast mich ja nicht gefragt. Du hast mich nur beschuldigt, dass ich vergessen hätte, dir die Zeit zu sagen. Aber wie soll ich mich erinnern, dir die Zeit sagen, wenn der Wecker schuld ist? Der Wecker hat heute seine Pflicht nicht getan. Er hätte sich daran erinnern sollen, dass er nicht einfach mitten am frühen Morgen stehenbleiben kann. Es ist ungehorsam, ohne Manieren, ohne Zucht und Ordnung. Es ist der Wecker. Wenn es die Wecker wären, könnte man es eventuell noch verstehen. Aber nein, dieser Wecker hat heute versagt. Ich habe dir schon gesagt, wie sehr er mich enttäuscht hat. Beinahe hätte ich ihn aus dem Fenster geworfen. Bloß gäbe es dann keine Garantie mehr.

HERMINE Das ist zu viel für mich. Ich fühle mich im Stich gelassen. Es hat vielleicht gar keinen Sinn mehr aufzustehen. Wenn du zu spät zur Arbeit kommst, ist es schlimmer, als wenn du einmal krank bist. Was machen wir denn nur?

CASPAR Ich weiß es auch nicht mehr. Ich sag es dir schon die ganze Zeit und du hörst nicht zu. Vielleicht merkst du jetzt, was für ein Schreck es für mich war zu entdecken, dass der Wecker stehengeblieben ist. Es war unglaublich. So plötzlich war ich im Stich gelassen. Auch du hast mich im Stich gelassen. Das Wetter hat mich im Stich gelassen. Das Radio hat mich im Stich gelassen und bald lässt mich auch der Mut im Stich.

HERMINE Das verstehe ich.

CASPAR Das kannst du gar nicht verstehen. Du warst doch gar nicht dabei. Du hast dich umgedreht und einfach weitergeschlafen.

Hermine sieht Caspar erstaunt an.

HERMINE Ich und weitergeschlafen?

CASPAR   Genau, du und weitergeschlafen.

HERMINE   Das gibt es doch nicht.

CASPAR   Doch.

Hermine wirkt aufgebracht.

HERMINE   Was unterstellst du mir denn da?

Caspar tritt einen Schritt vom Bett zurück.

CASPAR   Ich unterstelle dir gar nichts. Ich sage nur, dass ich noch nie etwas vergessen habe. Wir sind fast dreißig Jahre verheiratet und ich habe dich immer geweckt. Ich habe dich auch heute morgen geweckt.

HERMINE   Das kannst du doch gar nicht beweisen.

CASPAR   Doch.

HERMINE   Und wie?

CASPAR   Weil ich dich geweckt habe und nicht du.

HERMINE   Das ist kein Beweis.

CASPAR   Der Beweis bin ich.

HERMINE   Du liebe Güte.

CASPAR   Was sagst du da?

HERMINE   Du liebe Güte!

CASPAR   Du glaubst im Ernst, dass ich mich auch noch beweisen müsste?

HERMINE   Nicht dich. Nein, nein.

Hermine lacht.

HERMINE   Du kannst mir nur nicht beweisen, dass du mich geweckt hast. Denn ich habe ja geschlafen.

CASPAR   Daran bist du schuld.

HERMINE   Aber es war schön. Außerdem ist etwas dabei herausgekommen.

CASPAR   Was denn?

HERMINE   Dass ich jetzt wach bin.

Hermine lacht wieder.

HERMINE   Aber sag mir, Caspar, was ist denn bei der Uhr herausgekommen?

CASPAR   Willst du es wirklich wissen?

HERMINE   Ja.

CASPAR   Der Kuckuck.

HERMINE   Was, der Kuckuck? Da lache ich mich schief.

AKT 3

Hermine sitzt inzwischen auf dem Bett.
Sie schlüpft in ihren Bademantel.
Caspar wählt gerade eine Nummer am Telefon.
Hermine fragt, zu Caspar gewandt.

HERMINE Caspar, ist das Bad frei?

CASPAR Du siehst doch, dass ich gerade nicht im Bad bin.

Caspar schüttelt den Kopf.

HERMINE Bitte, sei nicht so. Ich darf wohl noch fragen. Es könnte doch so gewesen sein.

CASPAR Wie?

HERMINE So eben.

CASPAR	Wie: so eben? Wie so, wie überhaupt eben so? Ich sitze am Telefon und versuche zu wählen und da fragst du mich, ob das Bad frei ist?
HERMINE	Ich darf wohl noch in dieser Ehe fragen?
CASPAR	Sicher darfst du. Aber du hättest einmal vorher fragen können, ob ich jetzt gerade gefragt werden will.
HERMINE	Ach, jetzt verstehe ich.
CASPAR	Was verstehst du?
HERMINE	Dass du vorher gefragt werden wolltest. Darf ich dich, lieber Caspar, fragen, ob das Bad jetzt frei ist?
CASPAR	Das ist aber nett, dass du fragst. Ja, es ist frei. Aber es ist trotzdem abgeschlossen. Das heißt, es ist sozusagen von außen besetzt.

Hermine sieht Caspar erstaunt an.

HERMINE	Wie bitte?
CASPAR	Ja, so bitte. Glaubst du mir nicht?
HERMINE	Du weißt, ich habe dir immer geglaubt, schon als wir geheiratet haben. Ich habe auch immer geglaubt, dass du mir treu geblieben bist. Aber dass das Bad abgeschlossen ist, das verstehe ich nicht.
CASPAR	Du brauchst es auch nicht zu verstehen.
HERMINE	Aber ich will es verstehen.
CASPAR	Gut, ich erkläre es dir. Aber bitte sei ganz ruhig und mach keinen Aufstand. Ich erkläre dir ganz ruhig den Sachverhalt.

Caspar legt nun den Telefonhörer aus der Hand und rückt einen Stuhl für Hermine zurecht.

CASPAR	Bitte setz dich hin.
HERMINE	Aber ich will mich gar nicht hinsetzen.
CASPAR	Stell dich bitte nicht so an.

HERMINE	Ich setze mich erst hin, wenn du mich vorher gefragt hast, ob ich mich hinsetzen will. Und du hast, und dafür gibt es Zeugen, mich eben nicht gefragt, ob ich mich vorher hinsetzen will oder nicht.
CASPAR	Zeugen, was für Zeugen?
HERMINE	Der Kakadu ist mein Zeuge. Ich schwöre es.
CASPAR	Ach so, dann müssten wir ihn ja vereidigen.
HERMINE	Lass doch den Unsinn, Caspar.
CASPAR	Das verbitte ich mir. Ich bin und mache keinen Unsinn!
HERMINE	So habe ich es nicht gemeint. Wir kommen einfach nicht weiter. Ich möchte jetzt gefragt werden, ob ich mich hinsetzen will.
CASPAR	Aber du hast mich doch auch nicht gefragt, ob ich dich überhaupt fragen wollte!

HERMINE	Das ist die Höhe. Das ist unglaublich. So etwas habe ich in den fast dreißig Ehejahren noch nicht erlebt. Erst wirfst du mir vor, dass ich dich nicht gefragt hätte, ob du gefragt werden wolltest, und jetzt, wo ich einmal und überhaupt zum ersten Mal gefragt werden will, wirfst du mir vor, dass ich dich nicht vorher gefragt hätte, ob du das wolltest oder nicht. Das ist die Höhe! Bilde dir nur nicht zu viel ein. Noch nie bin ich in meinem Leben gefragt worden, ob ich etwas wollte oder nicht.
CASPAR	Stimmt nicht.
HERMINE	Wieso nicht?
CASPAR	Ich habe dich gefragt, ob du mich heiraten wolltest.
HERMINE	Hast du?
CASPAR	Ich erinnere mich genau.
HERMINE	Ich erinnere mich aber nicht.

CASPAR   Ich habe aber einen Zeugen.

HERMINE   Wen denn? Da bin ich aber neugierig.

CASPAR   Mein Zeuge, der bist du.

HERMINE   Wie um Himmels willen? Das ist die Höchste aller Höhen. Du behauptest, ich sei sei dein Zeuge bzw. deine Zeugin?

Hermine ist sichtbar erregt.

CASPAR   Wenn ich dich nicht gefragt hätte, dann wären wir nicht verheiratet. Das ist der Beweis.

Hermine kann sich noch nicht beruhigen.

CASPAR   So ist es. Du kannst nicht abstreiten, dass du meine Zeugin gewesen bist, denn ich habe das Zeug gehabt, dich zu fragen, ob du mich heiraten wolltest.

Hermine schüttelt den Kopf.

HERMINE   Ach ja, dich zu heiraten …!

CASPAR   Auch aus einem anderen Grund warst du meine Zeugin. Ich habe nämlich Friedobert gezeugt und du hast da mitgemacht. Der Friedobert ist unser gemeinsames Erzeugnis und daher bist du die Zeugin. Aber jetzt möchte ich es damit bewenden lassen. Ich will darüber nicht mehr diskutieren. Wir sollten es uns nicht so früh am Morgen verderben.

Caspar rückt den Stuhl näher an Hermine und fragt sie in versöhnlichem Ton.

CASPAR   Möchtest du es dir nicht doch angenehmer und bequemer machen und dich auf den Stuhl setzen?

HERMINE   Du hast mich noch nicht gefragt.

CASPAR   Aber ich habe dich gerade gefragt.

HERMINE   Ja, aber ohne Anrede.

CASPAR   Dann fange ich nochmal an. Liebe Hermine, möchtest du dich auf den Stuhl, den ich dir extra dahingestellt habe, hinsetzen, damit

                    du nicht immer stehen musst und es für
                    dich bequemer ist?

HERMINE   Nein.

CASPAR   Was, nein?

HERMINE   Nein.

CASPAR   Was, nein?

Hermine schüttelt den Kopf und wiederholt: Nein.

CASPAR   Aber das gibt es doch gar nicht.

HERMINE   Doch.

CASPAR   Gerade hast du ‚nein' gesagt und jetzt auf
                    einmal sagst du ‚doch.'

HERMINE   Das darf ich doch: Einmal sage ich ‚nein'
                    und dann sage ich ‚doch.'

CASPAR   Das nenne ich Untreue.

HERMINE   Du behauptest, ich sei dir untreu?

CASPAR   Nicht mir, aber dem Nein.

HERMINE   Aber ich habe doch ‚nein' gesagt.

CASPAR   Wiederhole. Hast du gesagt: ‚ja', ‚nein', ‚doch' oder ‚doch nein?'

HERMINE   Ich brauche hier nichts zu wiederholen. Du bist nicht mein Vernehmungsbeamter. Ich habe alles gesagt.

CASPAR   Ich brauche gar nicht alles. Ich wollte nur wissen, ob du auf dem Stuhl Platz nehmen willst?

HERMINE   Ich habe doch gerade gesagt: nein.

CASPAR   Wieso ‚nein?'

HERMINE   Verstehst du nicht, bist du taub?

CASPAR   Ich und taub! Das ist nicht zu fassen. Ich höre dir die ganze Zeit zu und der Dank ist, dass du sagst, ich sei taub. Es ist nicht zu fassen, was mir heute alles unterstellt wird. Du unterstellst mir, ich hätte dich nicht geweckt. Der Nachrichtensprecher unterstellt mir, ich wüsste nicht, dass es schon morgens ist. Der Wecker stellt den Dienst ein. Es ist nicht zu fassen! Warum musst du unbedingt ‚nein' sagen, wenn ich dir den Stuhl hinstelle, damit du dich setzen kannst, weil ich es gut mit dir meine, damit du dich ausruhen kannst, wenn ich dir die Sache mit dem abgeschlossenen Bad erkläre?

HERMINE Also gut, der Klügere gibt nach. Ich setze mich nicht hin, aber ich sage dir, dass ich mich nicht hinsetzen will, weil es mir danach zu anstrengend ist, wieder aufzustehen. Es ist einfach so. Außerdem hat mir der Arzt gesagt, ich meine, der Herr Doktor, ich solle meine Knie schonen. Und wenn ich mich dauernd hin- und wieder aufsetze, dann schone ich die Knie nicht.

CASPAR Wenn das so ist. Das hättest du mir doch gleich sagen können statt einfach: ‚nein.' Wenn das der Herr Doktor gesagt hat, verstehe ich das.

HERMINE Ja, so hat er es gesagt.

CASPAR Wäre es dann besser, wenn ich auch aufstehe? Vielleicht sollte ich auch im Stehen essen und weiterhin im Stehen pinkeln, anstatt immer die Hosen herunterzuziehen, wie die Frauen das machen, und mich auf den kalten Deckel zu setzen?

HERMINE Ja, das wäre wohl vernünftiger, wenn du alles im Stehen machst.

CASPAR Und wie machen wir es mit unserer körperlichen Beziehung? Ich meine, du weißt, was ich meine?

HERMINE Ja, ich weiß, was du meinst. Ich erinnere mich daran. Ich werde in zwei Monaten den Doktor fragen. Aber der wird bestimmt sagen, dass die Knie das Wichtigste sind.

CASPAR Man kann doch nicht alles mit den Knien machen?

HERMINE Ich werde den Herrn Doktor fragen. Er wird bestimmt sagen: ‚Liebe Frau Herforth, schonen Sie Ihre Knie. Ohne Knie, da kommen Sie nicht weit.'

CASPAR   Nun, so weit will ich ja auch nicht kommen. Nur ein paar Zentimeter.

Hermine lacht schallend.

HERMINE   Nur ein paar Zentimeter? Das war früher aber noch anders.

Caspar schüttelt den Kopf.

CASPAR   Was gibt es denn da zu lachen?

HERMINE   Einfach so. Ich habe gerade an ein poppiges Zentimetermaß gedacht, das fluoresziert, sodass man auch in der Nacht damit messen kann.

CASPAR   Gibt es auch poppige Fieberthermometer?

HERMINE   Das weiß ich nicht.

CASPAR   Ich wollte Dir das mit dem abgeschlossenen Bad erklären. Möchtest Du es jetzt wissen oder nicht?

HERMINE   Natürlich. Ich bin ganz Ohr.

CASPAR   Bitte versuche, es auch zu verstehen.

HERMINE   Ich werde es versuchen, auch im Stehen.

CASPAR   Das war so. Neulich hat mir der Egon auf der Arbeit gesagt, man muss jetzt aufpassen und zwar wegen der Hausratsversicherung. Die Versicherungskonzerne werden immer schärfer. Ich meine, sie rücken immer weniger Geld heraus, wenn irgendwo eingebrochen und geklaut wird, und es wird eben immer mehr und mehr eingebrochen und geklaut. Die Leute verdienen immer mehr Geld und weil sie den Banken immer weniger trauen und auch nicht der Steuer und überhaupt immer weniger trauen, verstecken sie immer mehr Geld zu Hause. Und das haben die Kriminellen, die Mafia und die gewöhnlichen Kriminellen, und manche kommen ja auch aus fernen Ländern, spitzgekriegt. Das hat sich bei denen herumgesprochen und daher organisieren sie immer mehr Banden und dann wird immer mehr eingebrochen und dadurch werden die Versicherungsprämien immer teurer.

HERMINE   Und dann?

CASPAR   Dann steigt die Inflation wieder, weil wegen der gestiegenen Inflation die Versicherungen nicht mehr so viel verdienen, wie sie sich ausgerechnet haben. Also werden sie knausriger und knausriger und suchen immer mehr Auswege, um im Versicherungsfall – das ist der Ausdruck dafür – nichts zu bezahlen. Bei dem Wort Versicherungsfall brauchst du nicht zu erschrecken. Das ist nur der Ausdruck, wenn geklaut wurde.

Hermine ist ganz erstaunt.

HERMINE   Ach, so ist das. Ich bin ganz erstaunt, Caspar, woher du das alles weißt.

Caspar lacht gut gelaunt.

CASPAR	Du darfst mich auch fragen, woher ich das alles weiß.
HERMINE	Ja, Caspar, woher weißt du das alles?
CASPAR	Ich sag's nur dir. Sag es bitte niemandem weiter. Sonst spricht sich das herum und dann wissen es alle.
HERMINE	Ich verspreche es dir hoch und heilig. Ich werde es nicht weitersagen.
CASPAR	Also gut. Mir hat das alles der Egon verraten. Der ist mein Blutsbruder.
HERMINE	Und wie hast du dir das alles behalten? All diese Fremdwörter wie Versicherungsfall?
CASPAR	Ich habe es mir aufgeschrieben. Dann habe ich es auswendig gelernt und dann ein bisschen geübt. Ich habe nämlich damit gerechnet, dass du das alles wissen wollen würdest, und da wollte ich es parat haben.
HERMINE	Gut, Caspar. Dann sag mir, warum hast du das Bad abgeschlossen?

CASPAR	Das ist so. Die Versicherungen verlangen, dass überall abgeschlossen wird. Das heißt, die Haustür und auch die Fenster müssen gesichert sein.
HERMINE	Aber warum das Bad?
CASPAR	Eigentlich heißt überall überall. Aber das wäre wohl doch zu viel, wenn man überall abschließen müsste. Daher bin ich auf eine Idee gekommen. Ich habe mir gedacht, dass ich nicht alle Zimmertüren abschließe, sondern nur das Bad. Wenn ein Einbrecher kommt, würde er denken, da müsste etwas Besonderes im Bad versteckt sein. Denn sonst wäre es nicht abgeschlossen.
HERMINE	Das ist eine aufregende Idee.
CASPAR	Ja, finde ich auch. Sie ist mir einfach eingefallen. Einfach so.
HERMINE	Das ist schön. Darum beneide ich dich. Jetzt sag mir aber, wo der Schlüssel zum Bad versteckt ist. Ich muss auf die Toilette.

CASPAR	Der Schlüssel hängt am Schlüsselbrett in der Küche. Da ist ein Schildchen mit der Aufschrift Schlüssel.
HERMINE	Den hole ich mir jetzt.

Hermine steht auf und geht in die Küche, aus der sie wieder herauskommt und in Richtung Bad geht.

HERMINE	Caspar, mir ist gerade etwas eingefallen. Wenn der Einbrecher zufällig in die Küche geht und nach dem Badschlüssel sucht und der hängt so augenscheinlich am Schlüsselbrett?

Caspar wirkt betroffen.

CASPAR	Darüber habe ich noch gar nicht nachgedacht.

AKT 4

Hermine kommt aus dem Badezimmer.
Caspar sitzt noch immer am Telefon.
Hermine geht an Caspar vorbei.

HERMINE Weißt du jetzt, wie spät es ist?

CASPAR Nein, ich denke noch nach.

HERMINE Worüber denn?

CASPAR Über die Sache mit dem Schlüssel. Wenn das so leicht ist, den Schlüssel zum Bad zu finden, funktioniert der Trick ja gar nicht.

HERMINE Vielleicht ist das so.

CASPAR Aber vielleicht, weil es so leicht ist, denken die Einbrecher auch, dass es ein Trick ist. Dann versuchen sie vielleicht gar nicht erst, im Bad zu suchen.

HERMINE   Stimmt.

CASPAR   Dann war es wohl doch keine gute Idee. Meinst du, ich soll sie mit Egon diskutieren?

HERMINE   Auf jeden Fall.

CASPAR   Das werde ich machen.

Es klingelt an der Tür.

HERMINE   Es hat geklingelt.

CASPAR   Ich habe es gehört.

HERMINE   Es hat nochmal geklingelt.

CASPAR   Ja, ich weiß doch. Ich bin nicht taub.

HERMINE   Wer könnte das sein?

CASPAR   Ich weiß nicht.

HERMINE   Versuch einmal nachzudenken.

CASPAR   Ich denke noch über die Versicherung nach. Ich kann nicht über zwei Sachen gleichzeitig nachdenken.

HERMINE   Warum klingelt überhaupt jemand?

CASPAR   Ich weiß nicht.

HERMINE   Es ist ungewöhnlich, dass jemand um diese Zeit klingelt.

CASPAR   Woher weißt du, dass es gerade diese Zeit ist? Vielleicht ist es schon viel später als du denkst.

HERMINE   Ich dachte, du hättest die Zeitansage angerufen?

CASPAR   Ich konnte doch nicht. Ich war verhindert.

HERMINE   Ach so. Warum rufst du dann jetzt nicht an?

CASPAR   Weil es gerade klingelt.

Es klingelt immer noch.

HERMINE   Möchtest du nicht geschwind nachsehen, wer da klingelt?

CASPAR   Du hast die Klingel doch zuerst gehört.

HERMINE   Woher willst du wissen, wer sie zuerst gehört hat? Vielleicht denkst du nur, dass ich sie zuerst gehört habe.

CASPAR   Ich kann dir beweisen, dass ich an den Schlüssel gedacht habe, als es geklingelt hat.

HERMINE   Schlüssel hat auch etwas mit Tür zu tun. Und es hat an der Tür geklingelt.

CASPAR   Du kannst behaupten, was du willst. Ich kann jetzt nicht nachschauen. Wenn jemand sieht, dass ich unpünktlich bin – das spricht sich herum.

HERMINE   Das stimmt. Daran habe ich nicht gedacht. Das tut mir leid. Du solltest dann besser nicht hinuntergehen.

CASPAR   Es tut mir gut, dass du das sagst.

HERMINE	Ich bin eben gefühlvoll.
CASPAR	Deswegen habe ich dich ja auch geheiratet.
HERMINE	Das hast du mir noch nie gesagt.
CASPAR	Du weißt doch, dass ich meine Gefühle nicht zeige.

Es hat aufgehört zu klingeln.

HERMINE	Jetzt schaue ich einmal nach, wer geklingelt haben könnte.
CASPAR	Es hat aufgehört zu klingeln. Dann gibt es auch nichts mehr nachzusehen.
HERMINE	Vielleicht war es der Postbote. Vielleicht hat er etwas hinterlassen.
CASPAR	Gut, dann schau nach. Aber bitte bleib nicht lang. Ich weiß nicht, was ich hier allein tun soll. Pass auf, dass dir nichts passiert. Und wenn dich jemand im Treppenhaus nach mir fragt, sag nicht, dass es mir gut geht. Sag einfach, ich bin wegen Unpünktlichkeit

erkrankt. Ich hätte schon mit dem Herrn Doktor telefoniert. Er hat mich krank geschrieben.

HERMINE   Ich halte dicht. Du kannst dich auf mich verlassen. Ich passe auch im Treppenhaus auf. Vor allem auf meine Knie. Wenn es gar nicht anders geht, nehme ich sogar den Lift.

CASPAR   Du könntest da drin steckenbleiben.

HERMINE   Das stimmt. Daran habe ich noch nie gedacht. Das ist vielleicht doch zu gefährlich. Dann gehe ich lieber vorsichtig die Treppe hinunter. Beim Abwärtsgehen schone ich das eine Bein. Beim Aufwärtsgehen schone ich das andere.

CASPAR   Eine gute Idee. Die Indianer machen es auch so.

HERMINE   Das habe ich mir aber selbst ausgedacht. Ich bin doch intelligent.

CASPAR   Deswegen habe ich dich geheiratet. Andere Männer sind nur an Sex interessiert. Aber ich habe mich damals in deine Intelligenz verliebt.

HERMINE   Ach so?

CASPAR   Ja, ich brauche Anregungen.

HERMINE   Das braucht jeder. Soll ich jetzt gehen?

CASPAR   Warte lieber noch ein bisschen. Vielleicht steht der, der geklingelt hat, immer noch da und will dir oder mir auflauern. Vielleicht war es nur ein böser Scherz. Dann lohnt es sich schon gar nicht, deswegen die Treppen hinunterzugehen.

HERMINE   Das stimmt. Es wäre zu gefährlich. Es würde nur meine Knie abnutzen. Ich könnte vielleicht in die Frau Weidland rennen, die immer so viel tratscht und mich mit ihrem Gerede festhält, und was soll ich dann machen? Wie soll ich sie wieder loswerden? Sie wird wissen wollen, wie es dir geht, wie es deiner Firma geht, wie es meiner Mutter geht und wie es unserem Sohn geht. Die will immer alles wissen.

Ich weiß gar nicht, wie sie das alles im Kopf behalten kann. Ich weiß auch gar nicht, warum sie immer so viel wissen will. Sie könnte doch auch Bücher lesen oder fernsehen. Sie bräuchte mir wirklich nicht auf der Treppe aufzulauern. Ich kann nichts dagegen tun. Wenn ich ihr jetzt nicht zuhöre, wird sie ganz böse mit mir und droht: ‚Frau Hermine, wenn Sie mir jetzt nicht zuhören, dann rede ich nie mehr mit Ihnen.'

Das ist nicht schön, wenn man im offenen Treppenhaus so bedroht wird. Ich kann mich deswegen auch nicht an die Mietervereinigung wenden. Die werden sagen: ‚Frau Hermine, da können Sie nichts dagegen tun, wenn jemand mit Ihnen reden will. Sehen Sie, die Frau Weidland ist so ein armer Mensch. Sie ist den ganzen Tag allein. Sie will doch nur einmal am Tag mit jemandem sprechen und sozusagen ihr Herz ausschütten. Haben Sie, Frau Hermine, doch ein bisschen Verständnis. Sie haben Ihren Ehemann Caspar, mit dem Sie reden können. Die Frau Weidland hat nur ihren Fernseher, mit dem sie sich unterhalten kann und sonst niemanden auf der Welt.

Sie ist ja schon seit fünfzig Jahren Witwe und Rentnerin. Man muss das bewundern, wie sie sich so gut in Schuss gehalten hat und ihrem gefallenen Gatten immer treu geblieben ist. Frau Hermine, seien Sie doch nicht so. Seien Sie ein bisschen anders. Seien Sie nicht so menschenscheu. Sie tun da wirklich ein gutes Werk für die Solidargemeinschaft.'
So werden sie mit mir reden, das sage ich dir, Caspar. Das würde eine richtige Affäre geben und zum Schluss würde die Frau Weidland noch selbst davon hören. Dann wird sie erst richtig böse mit mir werden und mir den ganzen Tag an dem kleinen Treppenhausfenster auflauern, damit sie es ja nicht verpasst, wenn ich zufällig vorbeigehe.
Und dann wird sie auch dich aufhalten, wenn du zufällig vorbeigehst und dich fragen, warum du nicht dafür sorgst, dass ich vorbeikomme.

CASPAR Oh, mein Gott.

HERMINE Ja, das könnte wirklich schlimm werden.

CASPAR	Mir wird wirklich mulmig.
HERMINE	Das könnte unser Zusammenleben stören und wir würden dadurch richtig belastet. Das möchten wir doch nach fast dreißig Ehejahren nicht mehr.
CASPAR	Nein, gewiss nicht, Hermine.
HERMINE	Da bin ich aber froh, dass du mich wieder einmal unterstützt.
CASPAR	Das weißt du doch, Hermine.
HERMINE	Ich weiß es. Ich weiß es sogar ganz sicher. Aber es tut mir trotzdem gut, es immer wieder zu hören.
CASPAR	Ich sag's gleich nochmal.
HERMINE	Ich werde ja heute richtig verwöhnt.

Es klingelt wieder.

HERMINE	Caspar, möchtest du nicht doch einmal nachsehen, wer da klingelt?

CASPAR   Hermine, du hast es zuerst gehört und ich denke, es ist einfach besser, wir lassen es sein. Das ist zu riskant und man kann heutzutage nicht allzu viel riskieren. Man weiß überhaupt nicht mehr, wer vor der Tür steht. Es könnten auch unangenehme Leute sein und den Zeugen Jehovas möchte ich sowieso die Tür nicht aufmachen. Dann gibt es noch Bettler, Sozialhilfeempfänger und Arbeitsscheue. Denen möchte ich auch nicht begegnen. Und dann, Hermine, ist ja gar nichts passiert, als wir vorhin die Tür nicht aufgemacht haben, und jetzt passiert bestimmt auch nichts mehr.

HERMINE   Da hast du wohl recht.

CASPAR   Hermine, ich habe immer recht.

AKT 5

HERMINE Soll ich jetzt das Frühstück machen?

CASPAR Ich weiß gar nicht, wie spät es ist. Wie können wir frühstücken, ohne zu wissen, wie spät es ist?

HERMINE Stimmt. Ich glaube, da könnten wir den Kaffee gar nicht genießen.

CASPAR Wenn wir nicht wissen, wie spät es ist, können wir auch keine Frühstückseier kochen.

HERMINE Stimmt auch wieder. Dann ist es ja gut, dass wir heute sowieso keine Eier haben. So gibt es auch keine Versuchung.

CASPAR Wenn die Eier nicht exakt drei Minuten gekocht sind, schmecken sie auch nicht.

HERMINE   Genau.

CASPAR   Wusstest du, Hermine, dass die Eier in den Alpen länger brauchen, um gekocht zu werden?

HERMINE   Nein. Woher kommt das denn?

CASPAR   Ich weiß auch nicht. Aber ich habe gerade gedacht, vielleicht hängt das mit dem ... mit ... ach, jetzt ist mir der Begriff entfallen, zusammen.

HERMINE   Es macht nichts. Es ist einfach schön, an die Alpen zu denken.

CASPAR   Ja, wir waren noch nie in den Alpen.

HERMINE   Jetzt wäre es eh zu spät, wegen meiner Knie.

CASPAR   Wir würden eine Woche brauchen, um da hochzustiefeln.

HERMINE   Und dann müssten wir noch das ganze Gepäck schleppen.

CASPAR   Wenn man da ausrutscht...

HERMINE Das tut weh.

CASPAR   Manche stürzen auch ab.

HERMINE Wer hoch steigt, kann tief fallen. Manchmal denke ich, dass schon unsere Wohnung hier im vierten Stock zu hoch ist. Wenn man da herunterfiele!

CASPAR   Das wird nicht passieren.

HERMINE Man kann nie sicher sein. Neulich hat ein Mann seine Frau aus dem Fenster geworfen.

CASPAR   Vielleicht hat er sie verwechselt?

HERMINE Womit denn?

CASPAR   Mit dem Wecker.

HERMINE Wieso soll er sie mit dem Wecker verwechselt haben?

CASPAR	Weil der Wecker nicht funktioniert hat und er den Wecker hinauswerfen wollte, aber dann die Garantie verloren hätte, und da hat er stattdessen die Frau hinausgeworfen.
HERMINE	Ach, so ist das. Jetzt verstehe ich es. Was ist dann mit dem Ehemann passiert?
CASPAR	Man hat ihn vor Gericht gestellt, aber dann ist er freigesprochen worden.
HERMINE	Wieso das?
CASPAR	Weil man Verständnis dafür hatte, dass der Wecker so neu und die Frau so alt war.
HERMINE	Kaum zu glauben.
CASPAR	Ja, so war das. Es ist gut, dass es ordentliche Gerichte gibt.
HERMINE	Caspar, wie alt ist unser Wecker?
CASPAR	Noch nicht sechs Monate.

HERMINE	Ich bewundere dich immer, dass du so interessante Geschichten erzählst. Ich höre dir gern zu.
CASPAR	Ach, Hermine. Ich erzähle diese Geschichten auch nur dir.
HERMINE	Das rührt mich. Da fällt mir auch die erste Geschichte wieder ein, die du mir früher einmal erzählt hast.
CASPAR	Was war das denn für eine Geschichte?
HERMINE	Du hattest damals deinen Ehering verloren. Du bist im Schwimmbad schwimmen gegangen und als du aus dem Wasser kamst, war der Ring verschwunden. Er konnte auch nicht mehr gefunden werden. Du warst ganz traurig. Und dann hast du die Geschichte von einem Huhn erzählt, das ein Ei gelegt hat, und dann ist es im Garten herumspaziert, um Körner zu picken und kleine Würmchen zu finden, und dann war es wohl so verträumt, dass es das gelegte Ei nicht mehr gefunden hat. Es ist traurig herumgelaufen und hat gesucht und gesucht und dann hat

es sich in den Stall zurückgezogen, hat sich tief ins Heu verkrochen, bis es gar nicht mehr zu sehen war. Es hat mit sich und der Welt abgeschlossen und hat geträumt, dass es in seinem zweiten Leben, also sozusagen nachdem es den Leidensweg durch die Bratpfanne hinter sich gebracht hatte, wiedergeboren würde und dass es dann ein zweites Ei legen würde. Aber in seinem zweiten Leben würde es nicht als ein gewöhnliches Huhn auf die Welt kommen, sondern als ein Huhn mit einem kleinen, süßen Kompass um den Hals, damit es sich nie wieder verlaufen würde. Dann steckte das Huhn wieder den Kopf aus dem Heu heraus, sah in die Welt und spazierte Körner pickend umher.

Sie war so schön, diese Geschichte, und du hast sie mir damals so schön erzählt. Ich war richtig gerührt. Es war, bevor ich mit Friedobert schwanger war. Ich habe diese Geschichte nicht vergessen. Und jetzt, wo wir schon so lang im vierten Stock leben, denke ich daran.

CASPAR	Ich habe mich gar nicht mehr an diese Geschichte erinnert. Man sagt auch, dass Männer ein kürzeres Gedächtnis haben als Frauen. Aber ich denke, Hermine, es ist wirklich besser, dass wir im vierten Stock wohnen und nicht in den Alpen.
HERMINE	Die Alpen wären wirklich nichts für uns. Das würde der Herr Doktor auch so sehen.
CASPAR	Ich denke, es war richtig, dass wir vor zwanzig Jahren nicht die Wohnung im Parterre genommen haben.
HERMINE	Wir wären eingegangen.
CASPAR	Bestimmt. Ein bisschen Alpengefühl braucht doch jeder Mensch. Hast du eigentlich gehört, dass sie schöne Sternwarten auf den Berggipfeln bauen?
HERMINE	Warum?
CASPAR	Ich weiß nicht. Vielleicht sind sie da näher an den Sternen.

HERMINE	Ach, die Sterne. Warum können die Leute nicht auf der Erde bleiben?
CASPAR	Es gibt halt nicht genug Platz auf der Erde. Es gibt zu viele Leute in der Stadt.
HERMINE	Man könnte einfach einen Zaun um die Stadt ziehen?
CASPAR	Dann würden alle auf dem Land herumlungern und man braucht viel Polizei auf dem Land.
HERMINE	Und die Stadt würde unsicherer.
CASPAR	Dann steigen die Versicherungsprämien noch mehr.
HERMINE	Das stimmt. Daran habe ich noch gar nicht gedacht. Aber vielleicht sollte man die Sternstation in der Stadt bauen? Dann würden die Leute von der Stadt aus einsteigen und es gäbe bald weniger Leute in der Stadt, weil sie alle auf die Sterne auswandern.

CASPAR	Gute Idee, Hermine. Ich höre gern zu, wenn du solche Gedanken hast.
HERMINE	Wir haben in der Stadt auch den Sternplatz. Da gibt es auch eine Straßenbahnhaltestelle.
CASPAR	Hermine, ich bin richtig stolz auf dich.
HERMINE	Es war deine Idee, Caspar. Du hast von der Sternstation in den Alpen angefangen.
CASPAR	Manchmal habe ich eben Einfälle und manchmal bringt es etwas, wenn man die Zeitung liest.
HERMINE	Das machst du wirklich?
CASPAR	Hermine, das mache ich, seitdem wir verheiratet sind.
HERMINE	Und warum hast du mir nicht davon erzählt?
CASPAR	Ich wollte dich nicht belasten. Manchmal stehen schlimme Geschichten in der Zeitung. Die sind wirklich schlimm, so schlimm, dass

	man sie kaum verdauen kann. Und dann gibt es auch richtig schmutzige Geschichten.
HERMINE	Was für schmutzige Geschichten?
CASPAR	Richtige Schmutzfinken gibt es! Eine Geschichte will ich dir erzählen, aber meinst du, dass du sie verkraften kannst? Ich mache mir nämlich manchmal Sorgen um dich. Vorhin, als du die Sache mit der Frau Weidland erzählt hast, habe ich mich gefragt, wie du das die nächsten zwanzig Jahre verkraften wirst. Glaubst du, dass ich dir die Geschichte wirklich erzählen soll?
HERMINE	Ich weiß nicht. Jetzt, wo du mich fragst, bin ich auch unsicher geworden.
CASPAR	Ich könnte es tun und du kannst mir sagen, ob du sie verkraftest. Wenn nicht, kannst du sie einfach vergessen. Ich erzähle dir extra eine Geschichte, die nicht ganz so schlimm ist.
HERMINE	Ich werde ganz tapfer sein.

CASPAR   Gut. Das war in der Zeitungsausgabe vom 23. 4. 1989, auf der Seite sechs, wo immer die Nachrichten aus aller Welt stehen. Ich habe mir die Geschichte damals angekreuzt, weil sie mich so bewegt hat. Manchmal bewegen einen eben auch schmutzige Geschichten. Ja, so hat der Zeitungsreporter geschrieben. Da war ein Monteur und der war völlig schmutzig. Das kannst du dir gar nicht vorstellen. Der ganze Monteursanzug war ölverschmiert und verdreckt und alles, weil er den ganzen Tag unter einem Lastwagen gelegen hat, um ihn von unten zu reparieren.

HERMINE   Und dann?

CASPAR   Ich fand das unglaublich schmutzig, wie der so ausgesehen haben muss.

HERMINE   Und dann?

CASPAR   Dann ist ihm der Auspuff auf das Bein gefallen und er hat sich eine tiefe Risswunde zugezogen und musste schnell ins Krankenhaus gefahren werden.

HERMINE   Und dann?

CASPAR   Das war eine ziemliche Sauerei. Stell dir nur vor, wie lange die im Operationssaal gebraucht haben müssen, bis sie den Saal, der vorher so schön sauber war, wieder in Ordnung gebracht haben, und welche Hemmungen es die Ärzte gekostet haben muss, ihn überhaupt anzufassen – so schmutzig war er –, denn die Ärzte dürfen sich doch nicht die weißen Kittel beschmutzen lassen.

HERMINE   Und dann?

CASPAR   Dann wurde er entlassen. Stell dir vor, all der Umstand mit der Entsorgung der ölverschmutzten Kleider und bis sie überhaupt einmal die ganze Haut gesäubert haben, denn der hat sich ja schon jahrelang nicht mehr richtig gebadet. Die Krankenschwestern müssen ihre Mühe gehabt haben, um die Badewanne zu reinigen.

HERMINE   Und dann?

CASPAR	Jetzt ist er wohl wieder entlassen und liegt schon wieder unter dem Lastauto.
HERMINE	Ja, Caspar, und dann?
CASPAR	Das war's.
HERMINE	Ach so. Aber ich bin ganz aufgeregt, Caspar.
CASPAR	Wieso?
HERMINE	Ich habe immer gedacht... Ach, ich weiß gar nicht, was ich denke. Ich war nur einen Moment so beunruhigt.
CASPAR	Aber wieso denn?
HERMINE	Ich habe immer gedacht, dass es noch viel Schmutzigeres auf der Welt gibt. Aber jetzt bin ich beruhigt, dass es nichts Schmutzigeres gibt. Wenn ich mir vorstelle, der Herr Doktor könnte mit seinem schönen Kittel in so ein Ölfass fallen – das wäre wirklich schlimm.

CASPAR Du kannst dich beruhigen. Das passiert nicht.

HERMINE Ich bin dir dankbar, dass du mich so lang vor solch schmutzigen Geschichten verschont hast.

CASPAR Ich wollte dich beschützen. Das habe ich mir damals bei unserer Trauung fest vorgenommen. Ich habe mir damals geschworen, dass ich die Zeitung immer heimlich lese und ich habe meinen Schwur gehalten.

HERMINE Du bist so ein fürsorglicher Mann. Wir sind wirklich gut verheiratet!

TEIL II

AKT 6

Der gleiche Raum wie in den vorherigen Szenen.
Hermine steht am Fenster und schaut hinaus.
Caspar sitzt auf einem Stuhl und starrt auf das Telefon vor sich.

HERMINE Kann ich dich etwas fragen?

CASPAR Ja.

HERMINE Kann ich dir etwas erzählen?

CASPAR Noch einen Moment bitte. Ich möchte etwas fertig denken.

HERMINE Wie soll ich wissen, wann du fertig gedacht hast?

CASPAR Ich hebe die linke Hand hoch.

HERMINE Wie hoch?

CASPAR   So hoch.

Caspar deutet mit der linken Hand eine Höhe an, die einige Zentimeter über seinem Scheitel liegt.

HERMINE   Heißt das, dass du so hoch denkst?

CASPAR   Im Moment denke ich noch nicht ganz so hoch. Denn dann wäre ich ja schon über meinem Scheitel.

HERMINE   Wo bist du denn jetzt?

CASPAR   Jetzt bin ich in der Höhe meines Nabels.

HERMINE   Ist das Denken wie auf einer Hühnerleiter?

CASPAR   Ja, es geht immer von unten nach oben.

HERMINE   Ist das so wie mit unserem Wohnen? Wir müssen auch immer in den vierten Stock hochlaufen.

CASPAR   Ja, manchmal ist es so.

HERMINE   Und manchmal nicht?

CASPAR	Nein. Dann muss man mutig sein und herunterspringen.
HERMINE	Du meine Güte. Das Denken ist aber auch gefährlich. Bist du wenigstens dagegen versichert?

Caspar seufzt.

CASPAR	Ich habe es versucht. Aber keine Versicherung lässt mit sich reden.
HERMINE	Wieso denn nicht?
CASPAR	Man sagt mir, es lohne sich nicht, weil viel zu wenig Leute so hoch denken. Und wer nicht hoch, also über die Scheitelhöhe hinaus, denkt, kann auch nicht tief fallen. Daher lohnt es sich für die Versicherung nicht.
HERMINE	Das ist schlimm. Dann ist das ja alles sehr riskant für dich.
CASPAR	Ist es auch.

HERMINE Warum hast du mir bisher nicht gesagt, was für eine riskante Sache du da machst?

CASPAR Ich habe es eben für mich behalten, wie all die schmutzigen Geschichten. Ich wollte dich schonen. Ich habe mir schon oft gesagt, das wäre nicht gut, wenn du erfährst, wie hoch ich denke und wie gefährlich das ist.

HERMINE Jetzt bin ich ganz verlegen. Das ist ja so, wie mit einem Zirkusakrobaten verheiratet zu sein.

CASPAR Genauso ist es. Nur haben die Zirkusakrobaten heutzutage eine Versicherung und ein Trapez.

HERMINE Kann ich dir denn ein Trapez zu Weihnachten schenken?

CASPAR Es hilft nichts. Ich habe schon selbst daran gedacht. Aber es würde nichts bringen.

HERMINE Warum nicht?

CASPAR Es würde nicht in meinen Kopf passen.

HERMINE Wieso das?

CASPAR Weil sich das Denken in meinem Kopf abspielt.

HERMINE Das ist interessant. Woher weißt du das denn?

CASPAR Dazu habe ich ehrlich gesagt lang gebraucht. Aber es ist so. Wo soll es sonst herkommen? Es ist wie mit dem Schlüssel zum Bad. Wo soll er sonst hängen als am Schlüsselbrett? Es ist wie mit unserer Ehe. Wie sollen wir sonst sein als verheiratet zu sein?

HERMINE Warum musst du überhaupt denken? Entschuldige. Ich hätte dich zuerst fragen sollen, ob du überhaupt willst, dass ich dir diese Fage stelle.

CASPAR Ja, das ist eine sehr schwierige Frage.

HERMINE Wie schwierig?

CASPAR So schwierig, dass sie richtig schwer ist.

HERMINE   Und wie schwer?

CASPAR   Dass ich sie nicht hochheben kann. Ich meine in meinem Kopf. Verstehst du? All die Fragen, die ich nicht denken kann, muss ich sozusagen auf der Hühnerleiter hochheben.

HERMINE   Und dann?

CASPAR   Dann muss ich sie, wenn ich sie einige Stufen hochgehoben habe, so wie wenn ich Kartoffelsäcke hochgehoben hätte, wieder fallen lassen.

HERMINE   Wieso, wenn du dir die Mühe gemacht hast, sie hochzuheben?

CASPAR   Weil es nicht anders geht.

HERMINE   Das verstehe ich nicht.

CASPAR   Ich auch nicht. Aber es ist so. Ich kann den Kartoffelsack nicht immer höher und höher schleppen. Wo käme ich denn da hin?

HERMINE	Das kann ich dir sagen: Du kämst immer höher und höher.
CASPAR	Sieh doch. Das ist wie mit den Alpen. Da kommt man immer höher und höher und dann?
HERMINE	Dann könnte man auf den Mond fliegen.
CASPAR	Was soll ich denn mit einem Kartoffelsack auf dem Mond?
HERMINE	Vielleicht, um dort Kartoffeln anzupflanzen? Jemand hat mir einmal gesagt, es hätte früher in Deutschland auch keine Kartoffeln gegeben. Die seien aus Südamerika eingeführt worden.
CASPAR	Stell dir vor, ich fahre mit einem Kartoffelsack, den ich nicht einmal in der Hand habe, in, sagen wir, die Mongolei, weil die dort keine Kartoffeln haben, und komme dort an.
HERMINE	Dann lade ihn doch dort ab.

CASPAR   Siehst du nicht, dass ich ihn gar nicht aus der Hand geben könnte?

HERMINE   Warum denn nicht?

CASPAR   Weil ich ihn gar nicht in der Hand habe.

HERMINE   Aber warum nicht?

CASPAR   Weil der Sack im Kopf ist.

Hermine wirkt völlig verblüfft.

HERMINE   Ach, so ist das?

CASPAR   So ist das. Und deshalb kriege ich auch kein Trapez in meinen Kopf.

Hermine ist noch immer verblüfft.

HERMINE   So ist das?

CASPAR   Ja, so ist das.

HERMINE   Davon hast du mir noch nie erzählt?

CASPAR	Das konnte ich eben nicht.
HERMINE	Caspar, das tut mir leid.
CASPAR	Wirklich? Verstehst du auch wirklich, was ich sage?
HERMINE	Es ist schon ein bisschen unheimlich, was du da erzählst. Aber es tut mir leid.
CASPAR	Das rührt mich ein bisschen.
HERMINE	Ach, Caspar.
CASPAR	Jetzt weiß ich gar nicht mehr, wo ich war, als du mich gefragt hast. Ich muss sehen, ob ich wieder den Faden finde.
HERMINE	Kann ich dir beim Suchen helfen?
CASPAR	Nein, das kannst du nicht.
HERMINE	Warum nicht?
CASPAR	Weil der Faden in meinem Kopf ist.

HERMINE	Das verstehe ich. Ich kann mir gut vorstellen, dass so ein kleiner Faden in den Kopf hineinpasst. Mein Lehrer hat zu mir früher immer gesagt, ich hätte Stroh im Kopf. Ich dachte immer, er muss recht gehabt haben.
CASPAR	Nein, du hast kein Stroh im Kopf.
HERMINE	Woher weißt du das?
CASPAR	Das kannst du mir glauben.
HERMINE	Gut, dann glaube ich es dir. Aber wenn du einen Faden im Kopf hast, warum kann ich dann kein Stroh im Kopf haben?
CASPAR	Es ist eben kein wirklicher Faden und kein wirkliches Stroh.
HERMINE	Ach.
CASPAR	So ist es.
HERMINE	Gibt es dann auch keine wirkliche Hühnerleiter und keinen wirklichen Kartoffelsack im Kopf?

CASPAR   Nein.

HERMINE Bist du ganz sicher?

CASPAR   Ja.

HERMINE Woher weißt du das?

CASPAR   Das habe ich einmal in der Zeitung gelesen. Menschen können nur Kugeln und Splitter im Kopf haben.

HERMINE Wie kommen die denn in den Kopf?

CASPAR   Von außen. Manchmal gewollt und manchmal ungewollt.

HERMINE Können die Menschen mit den Kugeln und den Splittern im Kopf auch so denken wie du?

CASPAR   Ich weiß es nicht. Ich glaube, es geht dann irgendwie nicht so gut.

HERMINE Schade.

CASPAR Ja, schade. Aber andererseits: wie man's nimmt.

HERMINE Was meinst du? Meinst du, es ist nicht nur schade?

CASPAR Ja.

HERMINE Warum?

CASPAR Eigentlich hast du jetzt eine Frage gestellt und hast mich nicht gefragt, ob ich möchte, dass du mir eine Frage stellst.

HERMINE Da hast du recht. Darf ich dich dann fragen, ob ich dich fragen darf: warum?

CASPAR Ja, du darfst mich fragen: warum?

HERMINE Caspar, sag mir bitte, warum?

Caspar seufzt.

HERMINE Ist etwas, Caspar?

HERMINE   Caspar, darf ich dich nochmals fragen, ob ich dich fragen darf, warum, und zweitens fragen, ob etwas ist?

CASPAR   So kann ich deine Fragen verkraften und jetzt sage ich dir, es ist etwas und es ist so, weil etwas ist.

HERMINE   Ach.

CASPAR   So ist es.

Hermine schüttelt den Kopf.

HERMINE   Ich verstehe es nicht.

CASPAR   Ich will versuchen, es dir zu erklären. Ich habe, wenn du dich erinnerst, schade gesagt, als wir von den Leuten mit den Kugeln im Kopf gesprochen haben. Ja, es ist einerseits schade, aber andererseits frage ich mich manchmal, ob diese Leute nicht besser dran sind.

Hermine stutzt erstaunt.

HERMINE	Wie meinst du das?
CASPAR	Weißt du, ich habe immer wieder über viele Jahre in der Zeitung gelesen, dass, wenn jemand eine Kugel in den Kopf bekommt, er oder sie dann oft nicht mehr richtig denken kann.
HERMINE	Ist das so?
CASPAR	So wie jemand nicht mehr richtig laufen kann, wenn man ihm das Bein abnimmt.

Hermine sieht Caspar erstaunt an.

HERMINE	Ich kann doch nicht jemand einfach das Bein abnehmen?
CASPAR	Man sagt das einfach so. Das Bein sitzt schon recht fest. Was ich meine ist, wenn man es ihm beispielsweise abschießt oder absägt.

Hermine schreit entsetzt auf.

HERMINE	Ihhhhhh, schrecklich, furchtbar!

CASPAR	Es tut mir leid. Wir sollten über solche Dinge nicht reden. Sagen wir einfach, wenn das Bein weg ist, dann kann jemand mit dem Bein nicht mehr laufen. Das Bein gehorcht dann einfach nicht mehr.
HERMINE	Jetzt verstehe ich, was die Bäckersfrau neulich von ihrem Mann gesagt hat. Er hat nämlich ein Kunstbein und ich habe sie gefragt, warum das Kunstbein, das in der Ecke stand, nicht angebunden ist. Denn es könnte ja sonst weglaufen. Da hat sie laut gelacht und gedacht, ich würde ihr einen Bären aufbinden. Ich habe es aber ganz ernst gemeint. Ist es wirklich so, dass jemand nicht mehr mit dem Bein laufen kann, wenn es weg ist?
CASPAR	Bestimmt. Du kannst es mir glauben. Wenn ich den Wecker wegnehme oder aus dem Fenster werfe, dann ist er auch weg.
HERMINE	Aber er hat doch eine Garantie!
CASPAR	Siehst du, genau das ist der springende Punkt. Das Bein hat nämlich keine Garantie.

HERMINE Das ist aber schlecht. Heißt das, dass ein Bein nicht gut genug ist, weswegen es keine Garantie gibt?

Caspar lacht.

CASPAR Das solltest du dem lieben Gott sagen, der hat die Beine nämlich entwickelt.

Hermine ist verdutzt.

HERMINE Ich weiß nicht, ob er mir zuhören würde. Aber, Caspar, wenn das Bein keine Garantie hat, dann hat unser Leben vielleicht auch keine Garantie?

Caspar wird nachdenklich.

CASPAR Vielleicht. In meinen Akten habe ich jedenfalls keinen Garantieschein. Würde es dir denn Spaß machen mit einem neuen Caspar?

HERMINE Vielleicht, wenn wir beide neu wären?

CASPAR Hermine, ich glaube wir verstricken uns zu sehr. Ich wollte dir mit dem Bein doch nur etwas sagen.

HERMINE Was denn?

CASPAR Wenn man eine Kugel im Kopf hat, kann das dazu führen, dass man nicht mehr denken kann.

HERMINE Das ist schade.

CASPAR Das hat eben zwei Seiten.

HERMINE Wieso zwei Seiten? Denken, sagen doch alle Leute, ist gut?

CASPAR Ich habe dir gesagt, dass es auch mühsam und gefährlich ist.

HERMINE Stimmt, Caspar. Das hast du gesagt. Jetzt erinnere ich mich wieder.

CASPAR Siehst du, Hermine. Deshalb beneide ich manchmal die Leute, die nicht mehr denken brauchen und müssen.

HERMINE   Musst du denn überhaupt denken?

CASPAR   Ich muss. Weil ich nicht anders kann.

HERMINE   Kannst du es nicht einfach ab und zu ausschalten?

CASPAR   Nein, Hermine, ich versuche es schon mein ganzes Leben, aber es geht einfach nicht.

HERMINE   Ach.

CASPAR   Es ist einfach so. Ich kann es nicht abschalten. Ich muss immer mit dem Kartoffelsack die Hühnerleiter hoch und dann den Kartoffelsack wieder fallen lassen und dann wieder hoch und immer so weiter.

HERMINE   Caspar, das tut mir so leid. Ich vestehe es nicht, aber es tut mir leid.

CASPAR   Ich weiß, dass du das nicht verstehst. Es hat eben noch nie jemand verstanden.

HERMINE   Wenn du das so sagst. Aber es tut mir leid.

CASPAR   Es ist schön, dass du das sagst.

AKT 7

Hermine steht wieder am Fenster.
Caspar ist aufgestanden und steht nun am Käfig des Kakadus.

HERMINE Erinnest du dich noch? Ich wollte dich fragen, ob ich dir etwas erzählen könne. Und du hast gesagt, du wolltest die Hand hochheben, wenn du soweit bist.

Caspar schweigt.
Hermine fragt eindringlicher.

HERMINE Erinnerst du dich noch?

Caspar steht scheinbar teilnahmslos vor dem Vogelkäfig.

HERMINE Hörst du nicht?

Caspar schweigt.
Hermine wiederholt mit lauterer Stimme.

HERMINE   Hörst du nicht, Caspar? Ich spreche zu dir. Ich wollte nur auf meine vorherige Frage zurückkommen.

CASPAR   Ich kann jetzt nicht sprechen. Ich denke.

HERMINE   Ach so. Entschuldige bitte.

Caspar schweigt.
Nun schweigt auch Hermine.
Caspar hebt plötzlich die Hand hoch.

CASPAR   So, jetzt habe ich zu Ende gedacht.

Hermine lächelt erfreut.

HERMINE   Wirklich?

CASPAR   Ja, für den Moment habe ich zu Ende gedacht. Wie war noch einmal deine Frage?

HERMINE   Ich wollte dich fragen, ob ich dir etwas erzählen kann.

CASPAR   Wenn du meinst. Glaubst du denn, dass ich es verstehen könnte?

HERMINE	Das weiß ich nicht. Aber es wäre einfach schön, wenn du zuhören könntest. Man sagt doch, teilen ist nicht halbieren.
CASPAR	Stimmt.
HERMINE	Ich habe heute Nacht geträumt.
CASPAR	Ach, wirklich?
HERMINE	Ja, wirklich.
CASPAR	Ich dachte, Träume sind nie wirklich wirklich?
HERMINE	Da hast du recht, Caspar.
CASPAR	Ich habe immer recht.
HERMINE	Ich weiß, dass du immer recht hast. Aber ich wollte dir nur etwas erzählen und dich bitten, dass du zuhörst. Ich habe es dir doch noch gar nicht erzählt.
CASPAR	Du hast mir erzählt, dass du geträumt hast.

HERMINE   Das stimmt.

CASPAR   Das ist es doch, was ich sage.

HERMINE   Richtig, aber eigentlich will ich etwas anderes sagen.

CASPAR   Wirklich?

HERMINE   Wirklich, Caspar. Bitte glaub mir einfach, dass ich wirklich geträumt habe und dass das, was ich geträumt habe, wirklich ist.

CASPAR   Wie wirklich?

HERMINE   Caspar, jetzt hast du mir eine Frage gestellt, ohne mich zu fragen, ob ich wollte, dass du mich fragst.

CASPAR   Ja, stimmt. Du weißt doch, dass ich immer recht habe – oder nicht? Aber ich werde dich trotzdem fragen, ob du möchtest, dass ich dich richtig frage.

HERMINE   Obwohl du mir wieder eine Frage gestellt hast, ohne mich richtig zu fragen, ob ich gefragt werden möchte, möchte ich dich bitten, mich bezüglich der ersten Frage richtig zu fragen, ob ich gefragt werden möchte.

CASPAR Und was war die Frage?

HERMINE Jetzt hast du mich schon wieder gefragt, ohne mich zu fragen, ob ich gefragt werden möchte. Bitte hör einfach zu! Ich wollte nur eine Kleinigkeit erzählen.

CASPAR Dauert es lang?

Hermine schweigt und dreht sich in Richtung des Fensters.
Sie lässt den Kopf sinken.
Auch Caspar schweigt einige Zeit.
Dann fragt er.

CASPAR Ist etwas los?

Hermine schweigt.
Caspar fragt wieder.

CASPAR Was ist denn los?

Hermine schweigt und fängt an zu weinen.

CASPAR Was ist denn los?

Hermine schweigt noch eine Weile und sagt dann.

HERMINE Immer fragst du mich Fragen, ohne mich vorher zu fragen, ob ich sie auch gefragt werden möchte. Ich wollte gar nicht so viele Fragen. Sie sind zu viel für mich. Ich wollte nur, dass du mir ein bisschen zuhörst.

CASPAR Aber ich wollte dir doch nichts Böses tun.

Caspar schweigt, dann sagt er.

CASPAR Es tut mir leid.

HERMINE Ach, Caspar, es tut mir einfach einmal gut, das auch von dir zu hören, dass du nicht immer sagst, du hast recht, sondern einfach auch, dass dir etwas leid tut.

Caspar wirkt betroffen.
Hermine weint noch immer.
Caspar geht einige Schritte auf sie zu.

Hermine dreht sich nun leicht zu Caspar, immer noch das Taschentuch über das Gesicht haltend.

HERMINE Ich will es noch einmal versuchen. Bitte hör mir nur zu. Ich habe dir vorhin beim Denken auch zugehört. Ich habe es nicht verstanden. Aber ich habe wenigstens zugehört. Ich weiß, dass ich nicht so viel denken kann wie du. Ich wollte einfach nur, dass einmal jemand zuhört. Dem Kakadu kann ich es nicht erzählen. Der ist so ein kleiner Vogel und so anspruchslos. Ich kann ihn nicht bitten, dass er mir zuhört. Aber vielleicht hört er mir zu, weil er auch Ohren hat. Ich wollte dir einfach den kleinen Traum, den ich erlebt habe, erzählen, und ich wollte, dass du zuhörst.
Ich weiß, es ist nur eine ganz kleine Geschichte und sie ist nur kurz. Ich weiß nicht einmal, ob sie wirklich ist. Du hast recht, vielleicht ist sie wirklich nicht wirklich. Vielleicht ist sie nur in meinem Kopf, so wie deine Hühnerleiter in deinem Kopf ist. Vielleicht kann ich die kleine Geschichte auch nie aus meinem Kopf herausholen. Was soll ich machen? Vielleicht bleibt

die Geschichte immer in meinem Kopf. Vielleicht kriege ich sie nie mehr aus meinem Kopf heraus. Aber jedenfalls weiß ich, dass es eine kleine Geschichte ist und kein Stroh. Das tut mir gut, weil ich zum ersten Mal spüre, dass ich nicht nur Stroh im Kopf habe.

Hermine schluchzt.

HERMINE Es tut mir einfach gut, zum ersten Mal zu spüren, dass ich nicht nur Stroh im Kopf habe. Ich bin nicht nur ein ausgestopfte Puppe, die immer nur Stroh im Kopf hat. Ich weiß zwar nicht, was ich im Kopf habe. Aber ich spüre, dass es nicht nur Stroh sein kann. Ich spüre, es ist kein Stroh. Ich spüre etwas Lebendiges. Es bewegt sich etwas in meinem Kopf. Ich lese nicht so viel Zeitung wie du, Caspar. Ich habe nie viel Zeitung gelesen. Ja, ich habe überhaupt nicht viel im Kopf. Deshalb hat der Lehrer zu mir gesagt, ich hätte Stroh im Kopf. Ich habe nur die paar Buchstaben im Kopf. Ich weiß, ich kann lesen. Aber so viel lesen kann ich auch wieder nicht und, wenn ich beim Einkaufen höre, was die Leute so alles für Namen im Kopf haben, komme ich mir immer ganz dumm vor. Caspar, du hast gesagt, ich wäre intelligent, aber ich fühle mich immer dumm. Und wenn ich mich dumm fühle, geht es mir nicht so gut. Ich weiß nicht, warum es so ist. Aber es ist so und alles, was ich wollte, war, dir die kleine Geschichte zu erzählen.

Ich dachte, jetzt bin ich schon so lang mit dir verheiratet, jetzt fasse ich mir einmal ein Herz und erzähle dir die kleine Geschichte. Denn ich habe nur Kleinigkeiten im Kopf und ich wollte einfach nur, dass du da sitzt oder stehst und mir keine Fragen stellst und mich einfach die kleine Geschichte erzählen lässt. Du warst heute sowieso zu spät und bist zu Hause geblieben, weil es wegen der Unpünktlichkeit gar nicht mehr möglich war, zur Arbeit zu gehen. Sonst gehst du immer so früh aus dem Haus und abends bist du immer müde und in deinen eigenen Gedanken und heute, das ist so eine seltene Gelegenheit. Ich hätte auch sonst nichts zu erzählen gehabt. Wirklich, ich wollte dich auch nicht belasten. Wieso soll ich dich belasten? Du hast mich all die Jahre auch nicht belastet und es ist gut so, das wir uns nicht gegenseitig so viel belasten. Immer wieder reden die Leute davon, wie viel sie sich gegenseitig belasten. Kein Wunder, dass dann eines Tages alles zu viel wird. Man muss aufpassen, dass man sich gegenseitig nicht zu viel zumutet.

Hermine weint.

HERMINE Ich wollte dir einfach meine kleine Geschichte erzählen und wollte, dass du ein bisschen zuhörst. Die Geschichte ist gar nicht lang. Ich weiß, dass du heute früh nicht gut beieinander warst, wegen des Weckers und des Wetterberichts und des Wetters und allem, was so passiert ist. Es ist wirklich ein komischer Tag, so ganz anders als alle anderen Tage. Ich habe morgen mit dem Morgen verwechselt und ich wusste auch nicht mehr, ob du mich geweckt hattest oder was überhaupt war. Ich bin auch gar nicht richtig aufgewacht und, als ich dann aufgewacht bin, wusste ich überhaupt nicht mehr, wo ich war.

Caspar kommt einen Schritt näher und sagt nach einer Pause.

CASPAR Es tut mir leid. Ich kann sonst nichts sagen.

HERMINE Das reicht mir schon. Ich bin beinahe froh, dass du jetzt nichts sagst und, wenn du einmal zuhören kannst, dann wäre das einfach schön. Ich weiß, dass wir noch kein Frühstück gehabt haben. Es hat auch so viele Probleme gegeben mit dem Klingeln und den Knien und mit der Frau Weidland, die mir immer auflauert, dass ich mich manchmal frage, ob wir überhaupt noch einmal aus dem vierten Stock herauskommen. Aber so ist es eben. Und wir haben heute morgen auch keine Eier. Vielleicht bräuchten wir hier ein Huhn. Ich meine unser eigenes Huhn in der Wohnung. Dann bräuchte ich nicht mehr Eier kaufen gehen und wir hätten jeden Morgen ein Ei.

CASPAR Glaubst du, dass das Huhn einen Kompass bräuchte?

Hermine lacht.

HERMINE	Ach, Caspar, du bist schon ein komischer Kerl. Manchmal frage ich mich, wer du eigentlich bist. Jetzt lebe ich schon so lange mit dir zusammen und immer wieder frage ich mich, wer du eigentlich bist?
CASPAR	Jetzt hast du mir eine Frage gestellt, ohne mich zu fragen.
HERMINE	Nein, ich stelle mir die Frage oft, sozusagen mir selbst.
CASPAR	Ist schon gut. Dieses Mal habe ich schon verstanden. Vielleicht hat sogar der Kakadu verstanden.
HERMINE	Manchmal frage mich, ob der Kakadu vielleicht mehr versteht, als wir beide denken. Was meinst du?

Caspar schmunzelt.

CASPAR	Eine Frage an mich, ohne dass du mich gefragt hast?

HERMINE   Ich habe mir diese Frage auch selbst gestellt. Dann müsste ich mich in Zukunft auch immer zuerst selbst fragen, ob ich mir eine Frage stellen darf?

CASPAR   Eine interessante Idee. Ich habe dir schon heute Morgen gesagt, dass du anregend bist.

Hermine dreht sich zu Caspar.

HERMINE   Das war aber ein schönes Kompliment. Jetzt bin ich ein bisschen gerührt.

CASPAR   Ich weiß jetzt auch nicht, was ich sagen soll. Es ist beinahe wie in der Tanzstunde. Dabei sind wir schon fast dreißig Jahre verheiratet.

HERMINE   Stimmt, am 21. Juni werden es dreißig Jahre sein. Das ist schon seltsam. So lang und immer zusammen.

CASPAR   Ja, seltsam.

Hermine und Caspar schweigen.
Dann fragt Hermine.

HERMINE   Bist du nicht hungrig?

CASPAR   Doch, ein bisschen.

HERMINE   Ich auch.

CASPAR   Aber erzähle mir noch deine Geschichte, bevor wir frühstücken.

HERMINE   Wirklich?

CASPAR   Wirklich. Ich setze mich neben dich und du erzählst mir deine Geschichte.

HERMINE   Und du wirst zuhören?

CASPAR   Ja.

HERMINE   Bist du sicher?

CASPAR   Ja, gewiss.

HERMINE   Würde dich die Geschichte nicht zu sehr belasten?

CASPAR Das kann ich vorher nicht wissen. Ich werde es einfach sehen.

HERMINE Ach.

CASPAR Bitte erzähl mir die Geschichte.

HERMINE Gut. Ich erzähle sie dir. Ich setze mich neben dich.

Hermine rückt neben Caspar.

HERMINE Es war so, ich hatte einen Traum. Vor mir sah ich eine dunkle Landschaft. Ich konnte kaum etwas sehen, nur dunkle, schwere Wolken und dunkle, schwarze Erde. Und dann wurde es auf einmal hell. Nicht blendend hell. So ein warmes, mildes Hell, wie bei einer Art Erleuchtung. Ich habe nur dieses Hell gesehen und es war wie ein Duft von Rosen in der Luft und da war ich ergriffen und dann war der Traum vorbei.

CASPAR Ein schöner Traum. Danke, dass du ihn mir erzählt hast.

AKT 8

Hermine und Caspar sitzen am Kaffeetisch.

HERMINE   Möchtest du eine Tasse Kaffee?

CASPAR   Ja, bitte. Möchtest du auch eine Scheibe Brot?

HERMINE   Ja, bitte.

CASPAR   Ich merke erst jetzt richtig, dass ich hungrig bin.

HERMINE   Mir geht es genauso.

CASPAR   Wie spät ist es jetzt wohl?

HERMINE   Ich weiß es auch nicht.

CASPAR	Wir haben heute kein Glück, die Uhrzeit herauszufinden. Aber inzwischen merke ich, es geht auch ohne genaue Uhrzeit.
HERMINE	Ja, stimmt. Schön, dass du heute ein bisschen länger da bist. Sonst ist es immer so hektisch.
CASPAR	Stimmt, sonst macht mir das Frühstück nie wirklich Spaß. Es ist immer so ein Herunterschlürfen und Herunterschieben. Meist vergesse ich dann auch noch, mir die Zähne zu putzen. Neulich hat mir wieder der Zahnarzt gesagt, wie wichtig das ist.
HERMINE	Stimmt.
CASPAR	Aber ich wollte dir eins sagen, Hermine. Deine kurze Geschichte hat mich gerührt.
HERMINE	Wirklich?
CASPAR	Ich weiß gar nicht, warum. Denn eigentlich ist es gar keine Geschichte. Sie ist sehr kurz, aber irgendwie scheint mir die Geschichte,

ich meine der Traum, sehr lang. Vielleicht hört die Geschichte gar nicht auf?

HERMINE   Ach.

CASPAR   Ich wollte es dir nur sagen. Mehr weiß ich eigentlich nicht.

HERMINE   Danke. Mir geht es genauso. Ich weiß auch nicht, was die Geschichte bedeutet. Irgendwie hatte ich so ein Gefühl, dass es eine schöne Geschichte ist. Vielleicht war ich deswegen heute morgen so abwesend und mit allem durcheinander.

CASPAR   Vielleicht. Ich habe ja auch nicht gewusst, dass du diese Geschichte geträumt hast.

HERMINE   Wie solltest du es auch wissen.

CASPAR   Stimmt.

HERMINE   Möchtest du noch die Margarine und die Marmelade?

CASPAR	Ich habe eine Idee. Wenn du möchtest, könnte ich dir heute beim Abwaschen helfen.
HERMINE	Schön.
CASPAR	Jeder wäscht seinen Teller ab.
HERMINE	Und wer spült die Kaffeekanne und säubert den Tisch?
CASPAR	Da müssen wir vielleicht wetten. Schade, dass wir keinen Hausdiener haben.
HERMINE	Das wäre schön!
CASPAR	Die gibt es nur bei den reichen Leuten mit den großen Autos. Wir haben dafür einen Kakadu.
HERMINE	So ist es.
CASPAR	Dann teilen wir uns eben die anderen Sachen zum Abwaschen.
HERMINE	Ob das Wetter heute noch besser wird?

CASPAR   Wer weiß?

HERMINE Das wäre schön.

CASPAR   Selbst im Haus ist es schön, wenn das Wetter draußen schöner ist.

HERMINE Stimmt.

CASPAR   Wenn die Sonne scheint, ist es auch im Haus heller.

HERMINE So ein bisschen wie im Traum.

CASPAR   Ach.

Hermine und Caspar schweigen eine Weile.

HERMINE Ich habe eine Idee.

CASPAR   Was denn?

HERMINE Ich sage sie dir aber nur, wenn du Lust dazu hast.

CASPAR   Das klingt wie ein Trick!

HERMINE	Ja, es ist ein kleiner Trick.
CASPAR	Wie soll ich denn schon vorher wissen, ob ich dazu Lust habe?
HERMINE	Das kannst du eben nicht wissen. Du wusstest auch vorher nicht, welche Geschichte ich dir erzählen werde.
CASPAR	Stimmt.
HERMINE	Was meinst du?
CASPAR	Ich bin ein bisschen verwirrt.
HERMINE	Vielleicht solltest du ein bisschen nachdenken. Du kannst mir wieder mit der Hand sagen, wann du aufgehört hast zu denken.
CASPAR	Es ist merkwürdig, aber im Moment kann ich gar nicht richtig denken.
HERMINE	Geht es dir nicht gut?

CASPAR	Ich weiß nicht, was es ist. Ich fühle mich einfach ein bisschen verwirrt.
HERMINE	Habe ich dich verwirrt?
CASPAR	Ich glaube nicht. Vielleicht ist es einfach deine Geschichte.
HERMINE	Ach so, die Geschichte.
CASPAR	Ja, vielleicht einfach die Geschichte. Ich glaube, so eine Geschichte habe ich noch nie gehört.
HERMINE	Wirklich?
CASPAR	Ich glaube wirklich nicht. Ich habe viel Zeitung gelesen, aber da bin ich nie auf eine solche Geschichte gestoßen. Auch von Egon und den anderen auf der Arbeit habe ich noch nie eine solche Geschichte gehört. Ich habe auch selbst noch nie so einen Traum gehabt.
HERMINE	Wirklich?

CASPAR So ist es. Deshalb bin ich vielleicht ein bisschen verwirrt.

HERMINE Möchtest du noch einen Kaffee?

CASPAR Ja, noch einen Schluck.

HERMINE Trink erst einmal. Vielleicht wird es dann besser. Auch ich bin seltsamerweise ein bisschen verwirrt.

CASPAR Weswegen?

HERMINE Wegen des Traums.

CASPAR Wenn ich es mir durch den Kopf gehen lasse – vielleicht erzählst du mir einfach deine Idee. Ich weiß im Moment wirklich nicht, ob ich Lust habe oder nicht. Vielleicht kommt sie, wenn du mir die Idee erzählt hast. Ich wusste auch nicht, dass ich verwirrt werde, bevor du mir deine Geschichte erzählt hast.

HERMINE Dann machen wir es so. Man kann vielleicht nicht alles vorher wissen.

CASPAR   Und was ist deine Idee?

HERMINE   Meine Idee ist, dass ich Lust hätte, mit dir tanzen zu gehen.

CAASPAR   Jetzt bin ich platt. Wie kommst du denn auf diese Idee?

HERMINE   Ich weiß auch nicht. Sie kam mir einfach.

CASPAR   So einfach?

HERMINE   Genau, so einfach.

CASPAR   Ohne nachzudenken?

HERMINE   Ja, ohne nachzudenken.

CASPAR   Auf diese Idee wäre ich nicht gekommen. Du überraschst mich wirklich!

HERMINE   Das wollte ich gar nicht. Ich wollte dir nur meine Idee erzählen.

CASPAR   Ob du es wolltest oder nicht – jetzt bin ich überrascht.

HERMINE   Und was machen wir jetzt?

CASPAR   Was soll ich tun, wenn ich überrascht bin? Vorhin hast du mich verwirrt und jetzt bin ich überrascht. Ja, ich bin irgendwie platt.

HERMINE   Caspar, so platt bist du auch wieder nicht. Möchtest du nicht noch eine Scheibe Brot? Die Scheibe ist platt. Aber nicht du.

CASPAR   Du weißt, wie ich das meine. Ich habe nur einen kleinen Scherz gemacht. Ich komme nicht darüber hinweg. Wie kommst du auf diese Idee?

HERMINE   Ich sage es dir doch. Ich weiß es nicht. Die Idee kam mir einfach zugeflogen.

CASPAR   Einfach so, ohne Mühe und ohne Hochschleppen?

HERMINE   Einfach und so plötzlich, wie wenn dir der Kakadu auf die Schultern flattern würde.

CASPAR   Dass es so etwas gibt.

HERMINE   Du siehst es ja.

CASPAR   Und wirklich ohne Mühe?

HERMINE   Wirklich.

CASPAR   Ehrlich?

HERMINE   Ganz ehrlich.

CASPAR   Hand aufs Herz.

Hermine legt die Hand auf ihr Herz.

HERMINE   Glaubst du's jetzt?

CASPAR   Es ist unglaublich, aber ich glaube es jetzt.

HERMINE   Das freut mich. Jetzt hast du mir schon zwei Sachen geglaubt. Das mit der Geschichte und mit der Idee.

CASPAR   Und ich habe auch zwei Dinge erlebt. Ich bin verwirrt und überrascht.

HERMINE   Ach.

CASPAR Ja, das ist mir schon lang nicht mehr passiert.

HERMINE Wie lang denn nicht mehr?

Caspar ist nachdenklich.

CASPAR Einige Jahre bestimmt. Vielleicht viel mehr. Vielleicht war es das letzte Mal so, als ich dich zum ersten Mal gesehen habe.

HERMINE Ach.

CASPAR Ja, vielleicht war es so.

HERMINE Jetzt bin ich aber auch überrascht.

CASPAR Es war wohl so.

HERMINE Komisch. Da erzähle ich dir einfach eine kleine Geschichte und dann eine kleine Idee und du bist plötzlich verwirrt und überrascht. Das hätte ich nicht gedacht.

CASPAR Ich auch nicht.

HERMINE	Was machen wir denn jetzt? Ich kann doch nicht so tun, als hätte ich dir die Geschichte nicht erzählt.
CASPAR	Nein, das geht nicht. Dafür ist es jetzt zu spät.
HERMINE	Das stimmt. Vielleicht hätte ich dir das alles nicht erzählen sollen. Du warst mit der Zeitung auch immer so rücksichtsvoll.
CASPAR	Ich weiß nicht, Hermine, manche Dinge kommen einfach, weil sie so kommen sollen.
HERMINE	Vielleicht ist es so.
CASPAR	Das nennt man Schicksal. Jesus wurde ans Kreuz genagelt. Da haben wir ja noch Glück. Bei dir sind es eben die Knie und bei mir die viele Arbeit und dann noch die Frau Weidland, die dir immer auflauert. Vielleicht wird die Wohnung im vierten Stock eines Tages auch unser Schicksal werden.
HERMINE	Wie meinst du das?

CASPAR   Wenn es zu beschwerlich geworden ist, die Treppen hoch- und herunterzugehen.

HERMINE   Und dann?

CASPAR   Dann müssen wir hier oben bleiben, wie jemand, der auf einem Berggipfel steckengeblieben ist.

HERMINE   Ach.

CASPAR   Oder wir müssen ins Parterre ziehen.

HERMINE   Das mag ich nicht.

CASPAR   Ich auch nicht, aber das wird wohl unser Schicksal sein, ob wir wollen oder nicht.

HERMINE   Was habe ich nur mit meiner Geschichte und meiner Idee angerichtet!

CASPAR   Schon gut, Hermine. Ich mache dir keine Vorwürfe. Es ist so, wie es ist.

HERMINE   Meinst du?

CASPAR	Bestimmt.
HERMINE	Ehrlich?
CASPAR	Ja, ehrlich.
HERMINE	Hand aufs Herz!

Caspar lacht und hält die Hand aufs Herz.

CASPAR	Weißt du was, Hermine. Ich finde die Idee schön. Ich hätte auch Lust zu tanzen.
HERMINE	Ach, Caspar, das kann ich gar nicht so recht glauben. Das ist wirklich eine Überraschung.
CASPAR	Ich meine es ernst.
HERMINE	Ich glaube es dir dieses Mal auch so – ohne Hand aufs Herz.
CASPAR	Schön. Und wann gehen wir tanzen?
HERMINE	Vielleicht am Wochenende. Unten am Marktplatz gibt es eine kleine Tanzbude.

CASPAR   Hast du dich schon erkundigt?

HERMINE   Ich bin neulich einmal vorbeigegangen.

CASPAR   Ist das richtig für uns?

HERMINE   Ich denke schon.

CASPAR   Aber was ist wegen der Knie? Darfst du überhaupt tanzen?

HERMINE   Ich habe schon vor einiger Zeit den Herrn Doktor gefragt und er hat gesagt: ‚Frau Hermine', und dabei hat er mit den Augen gezwinkert, ‚Frau Hermine, kleine Sünden kann ich Ihnen nicht verbieten. Sie wissen ja, was ich meine und außerdem, Frau Hermine, bin ich Ihr Hausarzt und nicht Ihr Beichtvater.' Da war ich ganz gerührt und habe gesagt: ‚Danke, Herr Doktor.'

CASPAR   Dann hast du das richtig vorausgeplant?

HERMINE   Nein, ich hatte einfach den Wunsch, tanzen zu gehen. Früher, vor vielen Jahren habe ich das so gern gemacht. Und dann ist der Wunsch vor sechs Monaten wiedergekommen. Zuerst habe ich gedacht, das wäre mir wegen der Knie nie mehr möglich, aber dann habe ich mir ein Herz gefasst und den Herrn Doktor gefragt. Ja, und dann hat er mir das eben so erzählt.

CASPAR Und warum hast du mich nicht schon vor sechs Monaten gefragt?

Hermine schweigt nachdenklich.

HERMINE Die Idee, dich zu fragen, ist mir erst vorhin gekommen, ganz plötzlich.

CASPAR Ach.

Nach einer kleinen Weile.

CASPAR Danke für die Einladung. Wenn ich dich dann frage, ‚darf ich dich zum Tanz auffordern?', muss ich dann vorher fragen, ob ich dir diese Frage stellen darf?

HERMINE Du hast es ja jetzt schon gemacht. Du darfst mich einfach auffordern und wenn ich dann immer noch Lust habe, mit dir zu tanzen, tanze ich einfach mit dir. Denkst du, du hast Lust?

CASPAR Ja, bestimmt.

AKT 9

Es ist Abend geworden. Einige Kerzen brennen. Hermine liegt ausgestreckt auf dem Bett. Caspar sitzt auf einem Stuhl in ihrer Nähe.

HERMINE Sag mal, Caspar, wenn ich an heute früh denke, wie dieser Tag angefangen hat – was hättest du gemacht, wenn ich wirklich nicht aufgewacht wäre?

CASPAR Ich hätte einfach weiter gerüttelt, bis du wach geworden wärest.

HERMINE Was ich meine ist, was hättest du gemacht, wenn ich einfach nicht wach geworden wäre? Es kommt vor, dass Menschen einfach nicht mehr aufwachen, weil sie für immer eingeschlafen sind.

CASPAR Wie meinst du das?

HERMINE Es kommt eben vor, dass Menschen sterben, auch in der Nacht, und am Morgen wachen sie dann einfach nicht mehr auf, soviel man auch rüttelt.

CASPAR So meinst du das?

Caspar schweigt.
Nach einer Pause sagt er.

CASPAR Ich weiß nicht, was ich dann gemacht hätte.

HERMINE Denkst du manchmal daran, was passiert, wenn ich nicht mehr lebe und du lebst noch weiter?

CASPAR Eigentlich denke ich nicht daran. Hin und wieder lese ich die Todesanzeigen. Aber dann lese ich einfach weiter.

HERMINE Die Idee kam mir gerade, wie ich hier auf dem Bett gelegen und die Kerzen gesehen habe.

CASPAR Du hast heute viele Ideen. Du überraschst mich wirklich. So viel wie heute hast du

	mich schon lang nicht mehr überrascht. Wirklich ein merkwürdiger Tag heute.
HERMINE	Ich weiß auch nicht, was heute los ist. Aber du hast ja gesagt, es ist Schicksal. Es kommt, wie es kommt und wenn ich daran denke, dass das vielleicht alles nur passiert ist, weil der Wecker am Morgen stehengeblieben ist – wegen so einer lächerlichen Kleinigkeit.
CASPAR	Stimmt, ich hätte das auch nicht gedacht. Aber irgendwie bin ich froh, dass es so gekommen ist. Es hätte auch passieren können, dass die Uhr immer so weiter funktioniert. Dann wäre ich pünktlich weiter zur Arbeit gegangen. Und wir hätten nie einen Tag so wie den heutigen gehabt. Dann hätte ich immer nur an die Pensionierung gedacht und an das schöne Gefühl, nach der Pensionierung nur noch zu schlafen, nur noch auszuschlafen, nur noch Ruhe zu haben von alledem.
HERMINE	Hättest du dann gar nicht mehr an mich gedacht?

CASPAR   Wenn ich geschlafen hätte nach der Pensionierung, hätte ich auch nicht an dich denken können, und ich glaube, ich hätte es nicht einmal gemerkt.

HERMINE   Dann hätten wir aneinander vorbeigelebt. Es ist schon unglaublich, was der Wecker alles angezettelt hat, weil er seine Pflicht nicht erfüllt hat. Glaubst du, dass wir jetzt nicht mehr aneinander vorbeileben werden?

CASPAR   Es macht mir ein bisschen Angst, dass wir einfach an allem hätten vorbeileben können.

HERMINE   Mir auch.

Hermine und Caspar schweigen.
Caspar steht auf, geht im Raum umher, bleibt noch eine Weile vor dem Kakadu stehen und sagt dann zu ihm „Gute Nacht".

HERMINE   Caspar, jetzt ist es schon richtig dunkel. Ich bin ein bisschen aufgeregt. Ich möchte, dass du ein bisschen näherkommst.

CASPAR   Ich bin schon hier.

HERMINE   Kannst du mir eine kleine Geschichte erzählen? Dann möchte ich ganz ruhig einschlafen.

CASPAR   Vielleicht die Geschichte vom Mond, der jeden Abend sein mildes Licht auf die Augenlider wirft und am Morgen ganz sachte davonschleicht und dann jede Nacht wieder kommt und in der Nacht nie einschläft und nie aufhören wird zu kommen und zu gehen?

HERMINE   Ja, bitte – die Geschichte vom Mond.

Hermine, nach einer Pause.

HERMINE   Und bitte wecke mich morgen ganz sanft.

CASPAR   Ja, meine Liebe.

DANK

Mein großer Dank gilt Susanne Kraft für die ungewöhnliche Sorgfalt, das Einfühlungsvermögen und die Geduld, die sie der Bearbeitung dieses Manuskripts hat zukommen lassen, sowie Uwe Kohlhammer für seine Experimentierfreude und sein immer wieder aufs neue unter Beweis gestelltes wundersames Talent, einen wilden Stapel an Papierbögen dafür zu gewinnen, sich in ein schönes Buch verwandeln zu lassen. Peter Mittmann danke ich für die Liebenswürdigkeit, mir sein stimmungsvolles Foto zur Verfügung zu stellen.

BÜCHER VON HILDEGUND HEINL UND PETER HEINL

IM THINKAEON VERLAG

Neu erschienen als Buch und als EBook

UND WIEDER BLÜHEN DIE ROSEN

Mein Leben nach dem Schlaganfall

Erstmals erschienen bei Kösel, München, 2001

Heinl, H.: Thinkaeon, London, 2015 (Neuauflage)

Erhältlich über www.Amazon.de

„MAIKÄFER FLIEG, DEIN VATER IST IM KRIEG ..."
Seelische Wunden aus der Kriegskindheit
Heinl, P.: Kösel, München, 1994, (8. Auflage)

Neu erschienen als Buch und als EBook

„MAIKÄFER FLIEG, DEIN VATER IST IM KRIEG ..."
Seelische Wunden aus der Kriegskindheit
Erstmals erschienen bei Kösel, München, 1994
Heinl, P.: Thinkaeon, London, 2015
Erhältlich über www.Amazon.de

KÖRPERSCHMERZ-SEELENSCHMERZ

Die Psychosomatik des Bewegungssystems
Ein Leitfaden

Heinl, H. und Heinl. P.: Kösel, München 2004
(6. Auflage)

Neu erschienen als Buch und als EBook

KÖRPERSCHMERZ-SEELENSCHMERZ

Die Psychosomatik des Bewegungssystems
Ein Leitfaden

Erstmals erschienen bei Kösel, München, 2004

Heinl, H. und Heinl. P.: Thinkaeon, London, 2015
(Neuauflage)

Erhältlich über www.Amazon.de

Neu erschienen als Buch und als EBook

LICHT IN DEN OZEAN DES UNBEWUSSTEN

Vom intuitiven Denken zur Intuitiven Diagnostik
Ein Leitfaden in den Denkraum

Heinl, P.: Thinkaeon, London, 2014

Erhältlich über www.Amazon.de

Soon available

LIGHT INTO THE OCEAN OF THE UNCONSCIOUS

From Intuitive Thinking to Intuitive Diagnostics
A Path into the Realm of Thinking

Heinl, P.: Thinkaeon, London, 2017

Soon available via Amazon

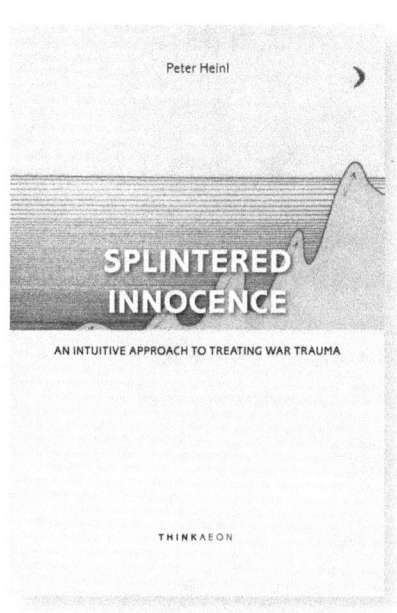

Neu erschienen als Buch und als EBook

SPLINTERED INNOCENCE

An Intuitive Approach to Treating War Trauma

Erstmals erschienen bei Routledge, London-New York, 2001

Heinl, P.: Thinkaeon, London, 2015

Erhältlich über www.Amazon.de

Neu erschienen als Buch und als EBook

SCHLAFLOSER MOND

Im Labyrinth des Chronischen Erschöpfungssyndroms

Heinl, P.: Thinkaeon, London, 2016

Erhältlich über www.Amazon.de

Neu erschienen als Buch und als EBook
LAVATANZ
Worte im schwebenden Raum
Heinl, P.: Thinkaeon, London, 2016
Erhältlich über www.Amazon.de

Neu erschienen als Buch und als EBook
**ESTHER K.
GENANNT EMMA**
Eine Märchenfantasie
Heinl, P.: Thinkaeon, London, 2016
Erhältlich über www.Amazon.de

Neu erschienen als Buch und als EBook

LICHTSCHNEE

im Wortraum

Heinl, P.: Thinkaeon, London, 2016

Erhältlich über www.Amazon.de

Neu erschienen als Buch und als EBook

DIE TAGE AM WORTSEE

Roman

Heinl, P.: Thinkaeon, London, 2016

Erhältlich über www.Amazon.de

Neu erschienen als Buch und als EBook

VERSECIRCUS

Heinl, P.: Thinkaeon, London, 2016

Erhältlich über www.Amazon.de

Neu erschienen als Buch und als EBook

WEISSES MARIONETTENPFERDCHEN

Theaterspiel

Heinl, P.: Thinkaeon, London, 2017

Erhältlich über www.Amazon.de

Neu erschienen als Buch und als EBook
DIE TÜRME DER ERINNERUNG
Erzählung

Heinl, P.: Thinkaeon, London, 2017
Erhältlich über www.Amazon.de

Neu erschienen als Buch und als EBook
STUFENGESANG
Erzählung

Heinl, P.: Thinkaeon, London, 2017
Erhältlich über www.Amazon.de

Neu erschienen als Buch und als EBook
IM KÄFIG
Theaterstück

Heinl, P.: Thinkaeon, London, 2017

Erhältlich über www.Amazon.de

www.ingramcontent.com/pod-product-compliance
Lightning Source LLC
Chambersburg PA
CBHW071005160426
43193CB00012B/1923